本书受国家社会科学基金项目“中国农村居民家庭‘健康差异—贫困差异’循环效应的代际传递研究”（17BJY138）支持，是该项目的阶段性研究成果。同时受内蒙古自治区高等学校人文社会科学重点研究基地—黄河流域生态经济高质量发展研究中心支持，所用数据均由该平台整理提供。

从脱贫攻坚到乡村振兴：

社会福利基础与效应研究

齐雁　郝春虹◎著

图书在版编目（CIP）数据

从脱贫攻坚到乡村振兴：社会福利基础与效应研究／齐雁，郝春虹著．--北京：中国财政经济出版社，2022.8

ISBN 978－7－5223－1567－6

Ⅰ.①从…　Ⅱ.①齐…　②郝…　Ⅲ.①农村－社会福利－研究－中国　Ⅳ.①F323.89

中国版本图书馆 CIP 数据核字（2022）第 120525 号

责任编辑：张晓丽　　　　责任印制：刘春年
封面设计：孙俪铭　　　　责任校对：胡永立

从脱贫攻坚到乡村振兴：社会福利基础与效应研究
CONG TUOPIN GONGJIAN DAO XIANGCUN ZHENXING：SHEHUI FULI JICHU YU XIAOYING YANJIU

中国财政经济出版社 出版

URL：http：//www.cfeph.cn
E－mail：cfeph@cfeph.cn

社址：北京市海淀区阜成路甲 28 号　邮政编码：100142
营销中心电话：010－88191522
天猫网店：中国财政经济出版社旗舰店
网址：https：//zgczjjcbs.tmall.com
北京财经印刷厂印刷　各地新华书店经销
成品尺寸：175mm×250mm　16 开　10.5 印张　150 000 字
2022 年 9 月第 1 版　2022 年 9 月北京第 1 次印刷
定价：58.00 元
ISBN 978－7－5223－1567－6
（图书出现印装问题，本社负责调换，电话：010－88190548）
本社质量投诉电话：010－88190744

序

摆脱贫困被联合国列为人类三大发展问题之首。巩固拓展脱贫攻坚和乡村振兴是新时期下中国实现全面现代化的重大战略任务。2020年底，中国实现了近1亿农村贫困人口的脱贫目标，为从根本上解决长期以来阻滞农村地区发展的绝对贫困难题，提供了新的条件。在完成这一脱贫攻坚的重大任务之后，中央政府针对进一步夯实拓展脱贫攻坚成果，在建立农村低收入人口和经济欠发达地区的帮扶机制方面又提出了明确要求。国家乡村振兴重大帮扶县名单公布后，顶层设计已明显倾斜支持西部地区摘帽时间较晚的脱贫县。这表明，提高西部民族脱贫地区的内生发展能力，走上可持续发展的路径，是同样复杂和重要的任务。为此，国家投入大量财政专项资金解决贫困地区产业发展基础设施薄弱、优质教育资源不足、高水平人力资本欠缺、健康医疗水平较低和生产技术水平低下等问题。在这一背景下，齐雁和郝春虹教授的专著《从脱贫攻坚到乡村振兴：社会福利基础与效应研究》出版，具有理论和现实意义。

齐雁与郝春虹教授多年从事收入分配、行为福利和公共经济政策领域的研究。她们在内蒙古财经大学工作近10年间，郝春虹教授有两项国家社会科学基金（15BGY132，21BJL014）获得批准，并有多项省部级课题获批。齐雁成功完成了1项内蒙古社会科学规划办基金项目（内蒙古精准脱贫政策福利效果研究，2017NDC43），并于2021年获批教育部青年基金项目（家庭抚育偏好、R&D增长与助推低收入阶层内生动力的激励机制研究，21XJC790009）。她们与多位学者合作，即将出版国家社会科学基金研究成果——《税收激励居民家庭财富代际转移与中等收入阶层分布动态变化研究》。她们科研团队的多项国家社会科学基金和自然科学基金项目细致分析了精准扶贫和乡村振兴政策中的各类财政转移支付项目对内蒙古农牧区的教育、医疗、就业和消费结构等福利评价指标产生的影响。她们曾多次带领学生深入内蒙古农牧区进行田野调查，掌握了精准扶贫和乡村振兴政策与农牧区社会福利水平的现状和关系，从理论与实际相结合的角度进行研究。此次出版的这一专著，是她们科研团队中国家社会科学基金项目（中国农村居民家庭“健康差异—贫困差异”循环效应的代际传递研究，17BJY138）的中期研究成果。我为她们所取得的成就感到由衷的高兴，并乐于为之作序。

从目前国内外对巩固脱贫攻坚成果有效衔接乡村振兴战略的社会福利效应研究来看，现有研究散见于不同的论文和著作中，针对精准扶贫和乡村振兴的社会福利评价体系，从理论上和实践上，鲜少有系统的、综合的论述和研究，尤其缺少从社会伦理层面进行系统的论证。齐雁和郝春虹教授从精准扶贫和乡村振兴的社会伦理、福利基础和实证评价体系几个角度进行系统的理论研究和定量分析，弥补了相关研究的不足。可以说，本书的研究成果是对我国现有社会福利理论体系的一种完善和补充，同时也可为政府制定更为有效和切合实际的乡村振兴政策提供一定的参考。

本书的主要贡献可以归纳为以下三个方面：

第一，全面、系统地分析了精准扶贫和乡村振兴政策与社会福利之间的逻辑和伦理关系。针对国内已有研究对该问题缺少深入系统理论研究的不足，她们从理论和实证两个方面分析了这两者之间的关系，层次分明，逻辑严谨。

第二，所得出的结论对政府制定相关乡村振兴政策提供了有益的参考。比如，精准扶贫政策中的物质资本投入是阻碍经济增长的，这与农村地区老龄化严重和文化水平较低有较大关系，物质资本发放后，由于农民无法完全掌握较为先进的生产技能，进而将物质资本转化为经济收益；精准扶贫政策可以通过增加农村地区的就业机会和科技投入，促进经济增长，但要想通过对物质资本的投入促进经济，还需要解决农村老龄化严重和文化水平低下的问题；离退休和养老金、报销医疗费在缩小收入分配差距方面的直接效应较为显著，且通过非农就业数量影响收入分配差距，即非农就业数量在离退休和养老金、报销医疗费对收入分配差距的影响机制下具有非常显著的中介效应，原因可能是农村老龄人口增加可支配收入后，能够让青壮年劳动力放心地将孩子交给父母抚养，自己进城务工，从而增加了家庭收入，缩小了收入分配差距；社会救济和补助、政策性生活补贴不仅能直接正向影响经济自由度，还能通过教育对经济自由度产生正向影响。究其原因，应该是这两项补助中含有专项的教育经费，使农村居民家庭教育在经济方面的困难得到较大缓解，但也从侧面反映出一个问题，只有在设置了教育专项补贴的时候，农村居民才愿意给孩子进行教育投资。

第三，提出了以围绕提升乡村振兴政策在效率、公平和自由这三个社会福利评价指标水平为目标，来助力完善乡村振兴战略资金使用模式和路径的思路。她们认为：(1) 发放物质生产资料之前，应提升农牧民文化水平，确保产业扶贫资金的有效使用。做好生产技能培训、细化培训目标，实施长期跟踪式生产技能培训，这样才能让农户真正掌握致富的密码，实现产业扶贫目标；(2) 应借助内生激励机制改善农村家庭教育和健康观念，帮助激励低收入群体注重重大疾病的预防和文化水平的提升，从根本上杜绝因病致贫和因文化水平的限制带来的收入低下，提升其可支配收入；(3) 保证再分配相对公平的同时，加大初次分配调节力度，通过政策性生活补贴对健康和教育进行初次分配调节；(4) 加强乡风文明建设，宣传和谐家庭重要性；(5) 完善公共教育和卫生服务，减少农村青壮年劳动力外流。

本书对精准扶贫和乡村振兴战略实施阶段的社会福利效果进行了理论和实证相结合的研究，是一个有益的尝试，具有鲜明的特色，也体现出作者敏锐的观察力和独到的见解。当然，本书中的观点只是一家之言，书中所涉及的一些学术线索，引发的学术灵感，还有待作者和读者做进一步的深入研究。

张铁刚

2022年7月于中央财经大学

前　言

贫困问题一直以来都是一个难以攻克的世界性难题，联合国将其列为人类三大发展问题之首。一个国家的贫困等级，是其社会发展水平的重要评价指标之一，也是任何一个国家和民族在追求高度文明的进程中无法回避和轻视的问题。要回答什么是贫困，就必须搞清楚这一问题关注的目标是什么。关于贫困，可以通过对贫困人群状况的描述来进行简单和部分的定义。所谓“贫困人群”是消费水平低于消费标准的人，或者他们的收入水平低于贫困线。当然，这仅仅是直观地描述了贫困的特征。关于贫困的定义，其实非常复杂：不仅可以从生物学的角度去进行剖析，还可以借助对不平等的描述和价值判断的方法来衡量贫困，也可以从相对贫困的角度和政策制定的层面对其进行定义；或者将多层面多维度测评贫困的指标进行加总，去描述人类社会中的贫困。所以，贫困既是简单的现象，又是一个复杂的定义。造成贫困的原因也是复杂的，无法对成因进行简单的诠释。但无论如何，贫困问题是摆在人类社会面前的一个现实性难题。

中国政府主导的扶贫政策从新中国成立初期开始，历经多次调整，有效地解决了7亿多人口的贫困问题，为世界减贫事业作出了巨大的贡献。

新中国成立初期，在“一穷二白”的落后经济基础上，中国政府开始进行计划经济尝试，扶贫方式以小规模救济为主。20世纪70年代末，中国政府实施的农村家庭联产承包责任制，大大缓解了当时农村的贫困生活、提高了农民收入，也为后来的扶贫政策奠定了制度基础。1982年，在甘肃、宁夏等地实施的“三西”农业建设计划，正式拉开了中国扶贫开发的序幕。1986年，国务院贫困地区经济开发领导小组正式成立，政府开始有计划、有组织、大规模地主导国家专项扶贫政策。2002年，中国政府统筹城乡发展，在农村扶贫工作方面逐步形成了一个集区域政策、行业政策和社会政策于一体的“大扶贫”局面。2013年11月，习近平总书记在湖南湘西土家族苗族自治州花垣县排碧乡十八洞村进行考察时指出“扶贫要实事求是，因地制宜。要精准扶贫，切忌喊口号，也不要定好高骛远的目标”，第一次提出了“精准扶贫”的战略理念。党的十八大以来，习近平总书记站在全面建成小康社会、实现中华民族伟大复兴中国梦的战略高度，把脱贫攻坚摆在治国理政的突出位置，提出一系列新思想新观点，作出一系列新决策新部署，推动中国减贫事业取得巨大成就。

党的十八大以来，在以习近平同志为核心的党中央领导下，中国为世界展示了一幅人类反贫斗争史上波澜壮阔的宏伟画卷。全国上下团结一心，攻坚奋战，于2020年底如期打赢了人类历史上规模最大、力度最强、惠及人口最多的脱贫攻坚战，让农村贫困人口全部摆脱了绝对贫困，解决了区域性整体贫困。2020年12月16日，中央政府正式对外发布了《关于实现巩固拓展脱贫攻坚成果同乡村振兴有效衔接的意见》，将做好脱贫成果的巩固拓展作为党和国家关注的一项重要议题。2021年2月21日，《中共中央 国务院关于全面推进乡村振兴加快农业农村现代化的意见》作为中央一号文件正式对外发布。2021年中央一号文件是对党的十九届五中全会关于“三农”问题若干决议精神的全面落实，就如何实现十九届五中全会上提出的“加快农业农村现代化”展开了细化部署。2022年2月22日，新世纪以来指导“三农”工作的第19个中央一号文件《中共中央 国务院关于做好2022年全面推进乡村振兴重点工作的意见》正式发布，提出扩大乡村振兴投入、强化乡村振兴金融服务、加强乡村振兴人才队伍建设和抓好农村改革重点任务落实四项举措，加大了政策保障和体制机制的创新力度。习近平总书记强调：“脱贫攻坚取得胜利后，要全面推进乡村振兴，这是‘三农’工作重心的历史性转移。”不断提升精准扶贫和乡村振兴战略的政策效果，是解决人民日益增长的美好生活需要和不平衡不充分发展之间矛盾的必然要求，也是实现第二个百年奋斗目标的前提条件，更是实现全体人民共同富裕的重要保障。

内蒙古自治区作为一个具有独特社会经济和政治内涵的边疆民族地区，在精准扶贫和乡村振兴战略中，通过对低收入人群进行直接和间接的转移支付来调节收入分配差距的工作更是重中之重。正因如此，转移支付的政策效果关系内蒙古自治区的社会稳定和边疆的长治久安，更彰显了社会公平正义和对低收入群体的重视。因此，分析内蒙古自治区在精准扶贫政策和乡村振兴战略实施过程中所产生的社会福利效果具有较为重要的现实意义。

本书通过对精准扶贫政策和乡村振兴战略的经济学理论逻辑关系进行梳理，结合政策社会福利效果的定量分析，得到如下主要结论：(1) 政策效果受突发事件影响较大；(2) 医疗费用报销范围有待进一步拓展；(3) 农村劳动力老龄化比例过大和青壮年劳动力流失导致精准扶贫政策效果不理想；(4) 农民的文化水平严重制约先进农业生产技术创收效果；(5) 直接性转移支付对公平的调节作用不理想；(6) 农村居民家庭教育观念落后、教育资源匮乏导致政策效果不佳；(7) 农村居民健康保健和疾病预防意识欠缺、健康医疗资源匮乏导致政策效果不佳；(8) 精准扶贫政策效果对农村青壮年劳动力吸引力较差；(9) 精准扶贫政策不应忽视居民家庭婚姻稳定性问题；(10) 应提升对居民购买商品和服务能力的重视程度。

目录

引言 …………………………………………………………… (1)

第 1 章 精准扶贫政策与社会函数福利标准匹配机理 …… (5)

1.1 精准扶贫政策的伦理基础 ………………………… (7)

1.2 精准扶贫政策的福利经济学基础 ………………… (21)

1.3 代表性社会福利函数 ……………………………… (26)

1.4 不同福利函数标准下的社会保障制度的匹配 …… (38)

第 2 章 精准扶贫政策社会福利效果评价指标体系 …… (43)

2.1 社会福利函数理论变量整合与拓展 ……………… (45)

2.2 影响精准扶贫社会福利效应衡量指标的因素 …… (58)

2.3 精准扶贫政策对社会公平的评价指标 …………… (65)

2.4 精准扶贫政策对经济效率的评价指标 …………… (72)

2.5 精准扶贫政策对个人经济自由的评价指标 ……… (72)

第 3 章 精准扶贫政策社会福利效果测度
——以内蒙古自治区为例 ………………………… (75)

3.1 内蒙古自治区 2010—2020 年各主要经济指标变化情况概览 ……………………………………… (77)

3.2 精准扶贫政策对内蒙古自治区经济效率的影响 ………………………………………………… (85)

3.3 精准扶贫政策对内蒙古自治区公平的影响 ……… (92)

3.4 精准扶贫政策对内蒙古自治区经济自由度的影响 …………………………………………………………（104）

第4章 社会福利函数下精准扶贫福利效果评价研究——以内蒙古自治区为例 ……………………（119）

4.1 内蒙古自治区精准扶贫政策的个人福利效应 ……（121）

4.2 内蒙古自治区精准扶贫政策的社会福利效应 ……（129）

4.3 内蒙古自治区精准扶贫政策的福利效果测度 ……（130）

4.4 巩固脱贫攻坚成果和乡村振兴战略的社会福利效果预测 ………………………………………………（132）

第5章 新时代全面推进乡村振兴战略的政策建议 ……（135）

5.1 内蒙古自治区精准扶贫存在的主要问题 …………（137）

5.2 全面推进乡村振兴战略的政策建议 ………………（145）

参考文献 ………………………………………………………（152）

引　言

本研究先从精准扶贫政策的伦理基础出发，论证了在社会福利体系中公平、效率和自由三者之间的关系及其与社会福利之间的关系；介绍了新旧福利经济学对社会福利不同的研究范式和立论基础，分析了福利经济学最新的发展动态；紧接着介绍了不同时期的社会福利函数的构建机理，分析了最适合内蒙古自治区的社会福利函数和其中应包含的评价指标体系。在评价指标体系中，详细分析了经济自由作为传统效率和公平变量的延展变量具有的重要意义。在阿马蒂亚·森的社会福利函数思想框架下，结合2002—2020年的相关数据，分析了内蒙古自治区精准扶贫政策对社会公平、效率和自由的影响。基于阿马蒂亚·森的社会福利函数又测算了2002—2016年内蒙古自治区社会福利水平的变动情况，并测算了公平、效率和经济自由对其影响的程度。最后得出结论：精准扶贫政策对社会公平的促进作用较大，对经济效率和经济自由度的促进作用不是非常明显；公平和经济自由对内蒙古自治区的社会福利水平的提升有着比较显著的影响，而经济效率对社会福利水平贡献度不大，通过上述实证分析，总结出内蒙古自治区在扶贫政策中存在的一些问题，并给出相应的政策建议。

本书从测评指标和社会福利函数应用研究两个层面做文献综述。刘大卫（2013）以开放的国际视野，就社会保障理论中涉及的福利经济学理论进行了系统翔实的梳理并提出完善我国扶贫政策的几点启示：应注重考虑“多层次、系统化、法制化、保基本、广覆盖”等因素和基本要求；美国组织行为学权威约翰·B. 迈纳（John B Maynal）博士（1997）的一项关于对公平理论的重要研究——“关于组织行为科学理论的效度及实用性的评估”表明，结果公平理论效度虽然高，但是实用性却较差；谢东梅（2009）引入了“社会保护”

这一政策框架，衡量某项社会保护政策的实施效果如何，就可以从贫困的减少和社会公平状况的改善方面加以评价；亚当·斯密（Adam Smith）开创了论证市场机制效率性之先河，他对市场效率性的研究成果成为市场经济条件下的资源配置的理论基础；汪毅霖（2010）以自由作为发展的哲学基础入手，分析了功利主义和自由的结合与过渡、再到功利主义完全统治主流经济学的过程，以及以自由作为发展范式的理论框架；以哈耶克（Hayek）（1973）为代表的新自由主义竭力主张自由竞争，反对国家对经济的干预，以基本的个人主义作判据，认为自由市场经济和自由企业经营之所以能实现资源的有效配置，就在于它是以私有财产为基础的。

欧阳葵、王国成（2014）试图从现代社会选择理论的视角探讨收入分配问题，并利用社会福利函数方法重新解释了社会福利函数与收入不平等度量；王常伟、顾海英（2013）基于社会福利最优的诉求，分别对功利主义、精英者以及罗尔斯社会福利函数形式下的食品安全最优规制水平进行了讨论；霍尔杰·施勒（Holger Schlor）（2012）根据阿特金森社会福利函数，构建了包含收入、消费等因素的能源服务社会福利函数；文森特·库恩（Vincent Koen）（2010）对中国经济社会福利的发展演变过程进行了总结，并分析了现阶段中国在社会福利改进所面临的瓶颈问题及应对措施；阿尔贝格（Rolf Aaberge）（2011）将机会均等化原则引入到社会福利函数中，以衡量长、短期的社会福利水平；马库斯·皮瓦托（Marcus Pivato）（2013）运用社会福利的公理化体系构建了社会福利的评价模型，并依据帕累托最优原则和罗尔斯最大最小原则优化了不同社会体系下的社会福利评价模型。

综上，无论国内还是国外学者，都对政府财政的社会保障支出缩小收入分配差距和促进经济增长进行单独的论证，并未利用社会福利函数建立完整的政策福利效果评价体系，同时也忽略了个人经济自由度的分析。本研究在建立社会福利效果评价指标体系时，利用时间序列数据，将内蒙古自治区精准扶贫政策对社会福利效果和经济自由度的影响进行了详细分析。公平、效率和自由是评价社会公共政策福利效果的三大重要指标。阿马蒂亚·森拓展的社会福利函数提出，应重视弱势群体的能力公平。与此同时，从对扶贫战略和乡村振兴战略的分析中，经济效率与经济自由度的体现度不够高，使自由与效率可能成为精准扶贫战略和乡村振兴战略中的短板。因此，本书结合阿马蒂亚·森社会福利函数，基于公平、效率和经济自由三大评价指标，通过对比扶贫和乡村振兴前后的各项福利测评指标与福利效果的变动情况分析内蒙古自治区精准扶贫和乡村振兴政策的优缺点，为相关政策的制定提供理论依据。

第1章

精准扶贫政策与社会函数福利标准匹配机理

本部分是本书研究的理论基础和方法论基础，首先论证关于精准扶贫这个社会制度本身的伦理基础，然后基于自由、效率和公平对社会福利的终极目标进行诠释，论证精准扶贫机制调节社会福利水平的伦理基础。本章研究内容的逻辑是为实证研究奠定思想基础、理论基础和方法论基础。

1.1　精准扶贫政策的伦理基础

精准扶贫和乡村振兴涉及基本价值判断、非基本价值判断和对事实的主观判断，研究者的科学精神和对事实的无偏差判断进而实现无偏认知，这无疑会对精准扶贫和乡村振兴社会福利效果问题的研究产生基本认知能力和分析能力的影响，包括对精准扶贫和乡村振兴制度的认知、对政策福利效果判断、基于对个体的分析和公共行动的分析以及对政策理解带来重要的思维和能力方面的差异性。

1.1.1　基本价值判断和对事实的主观判断

效率、公平与自由是人类追求福祉的终极目标，是全人类的基本价值判断。阿马蒂亚·森（1970）将基本价值判断定义为：如果一种价值判断适用于可以想象的任何环境，那它就是“基本”价值判断。一个社会的终极目标仅仅是使个人福祉的递增函数最大化：

$$W = W(W^1, W^2, \cdots, W^I), \frac{\partial W}{\partial W^i} > 0 \quad (1-1)$$

“对事实的主观判断”：如果一种价值判断只适用于部分环境和情境，那它就是“非基本”价值判断，非基本价值判断是衍生的价值判断。如果对基本价值判断不一致，唯一可能的科学解决方法就是证明这一判断并非另一个人的基本价值。如果它确实是另一个人的基本价值判断，就没有科学论证的余地了。当然可以试图说服你个人来改变其基本价值判断。但这仅仅是一个伦理上的辩论，而不是科学的辩论。另一方面，如果分歧存在于对事实的判断或非基本价值的判断，而不在于基本价值判断的分歧，单纯科学辩论就足以解决这一分歧。但由于科学知识的局限性，即使是拥有同一基本价值判断的两个符合逻辑的人，最终也可能无法达成一致意见，即“对事实的主观判断”上存在分歧。当然这一分歧会随着科学的进步会缩小，当然也可能出现新的分歧。将“非基本价值判断”和“对事实的主观判断”与“基本价值判断加以区别，有助于经济学研究和科学研究对政策决策的影响意义。经济学家和科学家擅长“非基本价值判断”和“对事实的主观判断”。

1.1.2 自由、效率和公平

1.1.2.1 帕累托效率目标

经济学关于效率的经典范式定义是帕累托效率（Pareto 效率），当资源配置达到帕累托最优（Pareto 最优）时即实现了“Pareto 效率”。帕累托最优一直是福祉经济学研究的一个核心部分，很多定理和最优条件都是以帕累托最优为参照的。帕累托标准作为一个价值标准已被广泛接受，而对其他涉及人际效用比较的判断则争议较多。尽管“超帕累托准则”，（Extra - Paretian Principle）也在很多定理和分析中使用，但帕累托最优仍然是福祉经济学中的核心概念。帕累托最优之所以最优，是因为它以与帕累托准则相一致的价值判断为参照的。

1.1.2.2 帕累托效率的确切真实理解

帕累托准则是当一个变革能够使某些人境况改善，而没有任何人境况恶化时，它就是一个好的变革。帕累托效率准则可以被视为一个弱价值判断，因为它不但能被众多人广泛认可，还能被用作其他价值判断的逻辑依据（如果一个价值判断的假设条件很少，不管这个价值判断是实证性的还是规范性的，都会被认为是一个弱价值判断，更具有实用性且能够更广泛地被接受。因而在得到一致的结论的前提下，越弱的假设条件代表更广泛的可接受性。反之，价值判断的结论越强越好）。即如果一个价值判断的假设条件越少、能够适用的范围越广，就可以说该价值判断是越弱的。如果一个价值判断的结论越少、越唯一，就可以说该价值判断的结论是越强的。一个价值判断的条件非常弱，但结论很强，意味着这个价值判断以一个在大多数情况下都能成立的假设条件，得出了一个确定的结论，也可以将这个价值判断称为弱价值判断。所以，帕累托准则就是这样一个弱价值判断。

特别要说明的一个问题是，帕累托准则中的“境况改善”可以用偏好和福祉来解释。如果用偏好来解释，偏好（或效用）与福祉之间存在的差异（参见后续内容解读）会导致那些认为福祉概念比偏好概念更基本的人弃用帕累托准则，或用福祉概念对这一准则进行重新修订。如果不考虑偏好与福祉之间的差异，或是按照自己对偏好的理解来定义帕累托准则中的“境况改善”，例如将境况改善视为福祉水平的提升，人们也许会同意，拒绝帕累托准则需要一个相当特殊的伦理。原因很简单，某些人境况得到了改善（福祉水平得到了提升），没有人境况恶化（福祉遭到损害），人类为什么要拒绝这一变革呢？

对帕累托效率准则的反对，往往基于对“境况改善”的误解。纳斯（1969）研究发现，如果采用一系列能够使富人更富，穷人保持原有水平的经济政策，那么根据帕累托社会福祉函数，社会福祉水平就会得到提高。很明显，纳斯根据自己的理解将帕累托准则中的“境况改善”定义为收入和闲暇的增加：“如果在资源配置方面的任何变革都使所有人或至少一人（或更确切地说是一个家庭）的收入或闲暇增加，而同时没有使其他任何人的收入或闲暇减少，就认为这一变革是一个好的变革”。但收入或闲暇的增加却不一定代表境况改善，只有当消费没有任何外部性这个假设条件成立时，才能认为纳斯的解释成立，因为消费的外部性有可能会导致在某些人收入不变而其他人收入增长的时候，产生妒忌或焦虑的情绪，那么即使某些人的收入水平没有发生变化，其境况也有可能会变差。所以，如果仅用收入或者闲暇的提升来理解帕累托准则中的境况改善，那么帕累托准则的结论将不会成立。

1.1.2.3　帕累托准则中“境况改善”的理解

对帕累托准则中的“境况改善”这一情况的判断，建立在能够对个人福祉进行比较的基础上，而解决个人福祉比较的途径之一就是用偏好（或效用）来代表福祉。如果一个人喜欢 x 甚于 y，即在 x 状态下的效用高于在 y 状态下的，就认为他在 x 时的福祉比在 y 时高。其中，偏好和效用是等价的，一个人的效用无差异曲线形状可以体现其偏好特征，但下面这三个理由说明，个人的偏好（或效用）与福祉等价这一判断并不是一个基本的弱价值判断。

（1）由于无知和不完全预见，偏好和福祉会有所不同。一个人可以喜欢 x 甚于 y，并且相信他在 x 时的境况要在比 y 时好，但事实也许会恰恰相反。这就是事前估计和事后福祉之间的不同。福祉的事前概念可用于解释行为，只有事后概念才是实际的福祉。基于此，海萨尼（1997）强调，应将知情偏好用作规范性用途，而不是实际偏好。

（2）个人偏好不仅建立在利己的基础上，也受这个人某些利他考虑的影响。在面临选择时可能会存在这样的情况：一个人对 A 状态的偏好胜于 B 状态，不是因为他在 A 状态下比 B 状态下福祉水平更高，而是他确定其他人在 A 状态比 B 状态下会有更高水平的福祉。或许这个人可以从其他人福祉水平提升这件事中感受到愉悦，但这不一定能补偿他放弃 B 而选择 A 遭受的损失。这种利他的行为可以大致被分为两类：一类利他行为被称为情感利他主义，即一件事本身就会使某人感觉更好，并且是一种外部效应；但如果作出某种选择后，一个人得到的情感上福祉的提升并不能弥补他实际利益的损失，那他的选择或许仅仅是他认为他应该对其他大多数人履行的社会道德义务，这就属于第二类利他，非情感利他主义。人们可能会为了得到赞扬、获得自我认可或获取某种自我情绪的满足而实施情感利他主义行为，但非情感利他主义行为也并非没有存在的合理性。Boyd 和 Richerson（1985）、Sober 和 Wilson（1998）以及 Bowles（2000）都证明，由于偏好是文化和基因传播共同作用的结果，人类友好的特性也是在文化和基因传播的共同影响下演化而成。

（3）个人会有非理性偏好。在偏好不受对别人福祉的考虑、无知或不完全预见等因素影响的情况下，如果一个人的福祉处于 y 境况下比处于 x 境况下要高，但他仍喜欢 x 甚于 y，那么就将其偏好定义为非理性的。人会有非理性行为的原因比较复杂，大致可以概括为以下几方面。

上述三个方面是导致偏好与福祉不一致的全部根源，但显然，几乎没有人是完全无知和非理性的，一个明显的事实是，大部分人都具有某种程度的无知（或信息不完全）和不完全理性，尽管许多所谓的非理性是由失误、计算能力限制和实验者的错误标准所导致的。除了无知和对别人福祉的关心之外，还有其他的一些原因会导致偏好与福祉的不一致，这正是下面要讨论的非理性偏好产生的原因。利用生物学因素可对下面的两个原因进行部分解释。

首先，人们有一种牺牲未来甚至完全忽视未来的倾向。庇古（1929）称为“缺乏远见力”，拉姆齐（1928）称为对未来“想象的缺陷”，哈罗德（1948）称为“情感战胜理智”。当现在的 1 元钱可以转换成大于 1 元钱的未来价值，对未来的消费、收入和其他货币价值的折扣是理性的。当未来效用的实现具有不确定时，对未来效用的折扣也是理性的。除了这些可以接受的原因之外，对未来的折扣就很可能是非理性的。这种非理性的一种表现是为老年时期的储蓄不足，这就使强制性的、高额的退休金计划的实行成为必要。

大多数其他动物的行为大体上取决于先天的本能，而不是对当前的成本与未来收益的精心计算。在很大程度上（如果不是完全这样的话），蚂蚁储存食物、松鼠埋藏松果都是出于本能。如果有些动物会通过思虑来进行选择，它们大多仅限于对眼前的事物进行判断以采取最佳的即时行动，如搏斗或逃逸。要对相当久远的未来所可能获得的报偿进行预测，需要更强的“推理”“想象”和“预见”等能力。庆幸的是，人类有此天赋，然而由于大部分生物都缺乏这些高等能力，可以自然地推断，这些能力在人类身上也没有得到完全的发育，而且不同的人拥有这些能力的程度也不同，因而相当一部分人缺乏预见力也不足为奇。进而，Benner Putrerman（2000）认为，由于生物变化的可累计性，即其趋向在原有结构上进行机会主义的改进，进化论使我们相信我们的心智很可能不是一个理想的思索和推理的机器。

其次，存在着过多的享乐诱惑（特别是未来支付成本的眼前享乐，这可以与前述的原因联系起来）和强烈的生物欲望。伴随着灵活生物种类（灵活生物种类是这样定义的：其成员的行为并不完全取决于先天的本能反应，还取决于自主的选择）的进化，自然选择过程通过赋予灵活生物以有奖惩的感知系统，保证了灵活选择与生存繁殖之间的一致。

上述两个非理性偏好的原因说明，或由于天赋能力的不完全，或由于有利于繁殖能力的生物偏见，人们会作出一些与福祉不太一致的事。但基于规范性的目的，应当运用福祉概念，而非由生殖适应性决定的行为概念。如果选择生殖适应性最大化，就会偏好无限繁殖，即使无限繁殖会使人们遭受极大的痛苦，也会抛弃人口较少而总福祉较高的情形。“人是有感知的自我，最终关心的也是自身的福祉（正的有效情感减去负的有效情感）。”和那些几乎完全由基因和环境所控制的生物不同，人类学会了利用类似生育控制这样的措施来改变自身的命运。对规范性问题来说，重要的是福祉，而不是那些随机选择的无感情的基因控制。

最后，除了上述两个生物性的原因之外，不完全理性还另有起因。某人可能会执拗的坚持某种习惯、习俗、原则或其他类似的东西，尽管他是知道这些东西对他现在或将来的福祉和别人的福祉是有害的，考虑到其局限和反复性，这些东西甚至是长期有害的。惯例、规则、道德准则等都具有理性基础，因为它们为人们的行为提供了一个可能有益于社会福祉的简约导向。如果人们在每一次决策前都要对社会福祉进行一番损益计算，这也有点太迂腐而费时了。有了这些可供遵守的惯例、规则或原则，人们就不必再劳心费神地进行损益计算了。如果这导致了与自己或别人的福祉不相符合的决策，这就是在寻求好规则过程中所付出的代价。但如果环境发生了变化，在通盘考虑的情况下，再固守某一规则就可能会导致持续的福祉净损失，某人可能会一如既往地固守这些规则而不知道它们已不再有益于社会福祉了。这样，偏好和福祉的不一致可以追溯到无知上面。如果他心知肚明而仍然坚守这些规则，那他就是非理性的。

所以在帕累托准则中对“境况改善”进行判断时要注意及时对不一致的情形进行特殊的辨析或说明。但一般情况下，为了分析问题的简便，可以将偏好等同于福祉，即可以用对偏好的排序来替代对福祉的排序，进而对帕累托准则中不同政策下个人的“境况”进行排序。

1.1.2.4 偏好、效用和福祉三者之间的关系

在上一部分的论述中，详细分析了偏好不能与福祉等价的原因。那偏好与效用可以等价么？

要理清偏好、效用和福祉三者之间的正确关系，那必须先搞清楚一个可能会引起混乱的问题：效用是否能被测量？是能够进行基数测量还是仅能够进行序数测量？序数测量是关于是否可以排序的问题。如果仅仅能够进行序数测量，只能说效用在 x 状态下要比在 y 状态下高，但不能说 x 比 y 高多少倍，也无法对二者的效用差异进行比较。如果效用仅可进行序数测量，认为效用函数对于单向正转换是唯一的，因为任何函数的单向正转换都不会改变排序。另外，对效用差异的测量会使效用函数对于正转换是唯一的，有时叫做线性转换。这一转换并没有导致效用差别比率的变化。如果是完全的基数测量，唯一可能的转化是正比率转换。这时就可以说在 x 状态下的效用是在 y 状态下效用的多少倍，并且还会知道什么相当于零效用。

在效用测量问题上出现的混乱，部分原因是将效用这个词既用于测量主观满足又用于表示客观选择或偏好。混乱的另一个原因是没有将原则上的可测量性与实际上的可测量性区别清楚。

首先，如果将效用看作是对个人主观满足的测量手段，显然，效用的基数测量在原则上是行得通的，虽然在实际中确实还存在很多困难。这些困难包括对偏好揭示的不准确和不诚实。通常来讲，人们对自己的效用进行精确的基数测量并非易事。对不同行为选择带来的效用水平能够进行准确的比较，依赖于某些确定的前提条件和对偏好的有限识别能力。但如果给出精准的前提条件和具体的偏好有限识别范围，对个人主观满足感的基数测量还是可以实现的。即使如此，效用所代表的个人主观满足感与其福祉也不一定等价。因为没有条件能保证消费者在满足了即时的主观感受之后，该行为导致的事后福祉变动量一

定是正向的。偏好与效用，即偏好与主观满足感也不一定等价。存在个人为了满足遵守某些社会道德准则的偏好，而选择降低自身主观满足感的行为。显而易见，作为一种主观感觉，福祉或效用从理论和实际上讲都是完全能够测量的。但如果仅进行序数测量，消费者在进行选择时不仅会有困难，而且会导致无意义的排序结果。

其次，也可以将效用函数单纯用作某人偏好排序的客观标志，即当且仅当他喜欢 x 甚于 y 时，则 $U(x)>U(y)$；当且仅当他对 x 和 y 同等偏爱时，则 $U(x)=U(y)$，而且仅仅对上述效用函数的序数特征感兴趣。此时，偏好与效用是等价的，偏好依靠效用的排序来揭示，而偏好和效用与福祉并不等价。而且一个有效的效用函数任何单向递增转换都是可以接受的标志，效用函数仅有序数意义。对某些问题来说［例如消费者选择理论（the Theory of Consumer Choice)］，仅有偏好排序的信息就足够了，效用函数的基数特征可以被合理地忽略不计。但这并不意味着在需要考虑偏好强度的问题上（例如社会选择问题）不能采用基数效用函数，虽然应用中还有一些技术难题需要解决。

1.1.2.5 帕累托最优效率的实现

在一些古典假定下，如没有报酬递增、不考虑外部性等，一个完全竞争的经济能够实现帕累托最优已成为共识，这也是福祉经济学第一定理。福祉经济学第二定理表明，通过对资源的适度分配，每一个帕累托最优状态都能够形成一个竞争均衡。为避免误解，有必要对福祉经济学的第二定理详加解释。假定当前的一个竞争均衡 A 处于帕累托最优状态，在此状态下，富人的效用水平较高，而穷人的效用水平较低。但也许有人更喜欢另一个帕累托状态 B，在此状态下，与 A 相比富人的效用水平要低一些，而穷人的效用水平要高一些。福祉经济学第二定理认为，如果原初的资源（包括个人天分与最初所拥有的财产）分配状况是穷人（相对于 A）多一些，而富人少一些，在这种资源分配更公平的情况下，人们较喜欢的帕累托最优状态 B 也能形成一个竞争均衡。

因而，从某种意义上说，福祉经济学第二定理说明，从效用的角度讲，不理想的分配并非市场机制作用的结果，而是对资源禀赋平等分配的结果。Guesnerie（1995）认为，如果历史或出生的偶然性已经造成了状态 A 的资源分配状况，第二定理并不意味着通过对资源进行再分配，能从状态 A 转变到状态 B。首先，有些禀赋（如自然天赋）是不能再分配的。其次，通过税收或政府转移的再分配会带来管理、服从、扭曲（包括减少激励）和执行成本。因此，沿着效用可能性边界从 A 过渡到 B 也许是不可能的。相反，由于上面所说的各种成本，只能沿着位于效用可能性边界以内的效用可行性边界移动。

不能将完全竞争与帕累托最优之间的密切关系误解为帕累托最优的概念只有在完全竞争的经济中才有意义，这一概念对任何经济都有意义。而且非完全竞争的经济系统也能够实现帕累托最优，至少从理论上是这样的。Wiles（1964）指出，有效率的资源配置原则上可由两个途径达到，即完全竞争、完全的中央调控和计算。

古典条件下的完全竞争能够实现帕累托最优的关键因素是，任何物品或要素的单个的买者或卖者都不能对价格产生重大影响。公司的利润最大化和消费者的效用最大化行为以及供求机制决定了所达到的均衡就是帕累托最优。

不难看到，任何两种物品的价格比率等于所有生产该物品的生产者的边际转换率。否则，增加一种物品的生产同时减少另一物品的生产是有利可图的。而且利润最大化企图还保证了所采用的生产方法是有效率的。边际转换率等于价格比率的关系也可以用另一种方式来表达。在完全竞争条件下，某物品的价格等于其边际成本。所以，价格比率就等于边际成本比率，而后者正是边际转换率。由此可见，在竞争均衡下所有的必要条件都得到了满足。但这一结果高度依赖于作为价格接受者的生产者和消费者的大量存在。但即使在生产者和消费者人数不多的情况下，如果市场可以毫无成本地自由进入和退出，从而市场具有完全的“竞争性”，尽管不是完全的竞争，最优状态仍是可以达到的，因为潜在的市场进入者代替了大量的竞争者的角色，保证了最优的实现。边际替代率递减和报酬递增不存在的假设也能够使二阶条件得到满足。

1.1.3 经济自由目标

经济学有一个悠久的传统，至少可以追溯到约翰·洛克（John Locke）和亚当·斯密（Adam Smith），它强调了经济自由对经济发展状态的关键作用：自由创造了更广泛的经济机会，经济行为者可以利用这些机会，这与市场的“发现过程”（Hayek，1979）一起，导致了经济繁荣，其对经济绩效的影响，特别是对经济增长的影响，在许多经验研究中得到了分析。例如，涵盖 1975 年至 1990 年期间 80 个国家的 de Haan 和 Sturm（2000）研究发现了经济自由促进增长的一些证据（如早期的研究有 Barro，1991；de Vanssay 和 Spindler，1994；lam，1995；de Haan 和 Sierman，1998；Gwartney et al.，1999；对欠发达国家的研究有 Nelson 和 Singh，1998）。经济自由主义的代表人物有斯密、弗里德曼、哈耶克、米泽斯、罗斯巴德、阿马蒂亚·森等经济学家，经常讨论市场如何增加个人自由。

1.1.3.1 亚当·斯密等古典时期的经济自由思想

斯密认为，市场过程自发地满足了人们的需求。尽管他意识到自由市场并不完美，但他相信，自由市场比任何其他选择都能够促进财富和福利。理论论据和实证结果使这种关系变得清晰。然而，斯密对经济自由的研究处于早期阶段。“经济自由”指市场经济的存在程度，其中的核心组成部分是自愿交换、自由竞争和保护人和财产。经济自由一般被认为是指在不受政府干预的情况下进行经济活动，这一自由的概念可追溯到托马斯·霍布斯（Leviathan）。假如没有财产，就不可能有经营，若果实是不确定的，生活将是野蛮的、肮脏的和短暂的。财产权只有被君主保护的情况下才能存在，因此，排斥权并不延伸到君主，君主为了公平或共同利益，否则个人财产权是不能被侵犯。因此，霍布斯是无干预自由思想的源泉，但其体系与自由放任不相容。自由放任制度的哲学理论要求对私有财产的权利有不同的根基，根基就是约翰·洛克在政府论的

第二篇论文为此提供了一个基础。洛克理论的本质是，每个人都有自己的财产，并通过将其劳动与财产混合而使其他东西成为其财产。洛克的理论指出，财产是基于人对其劳动成果的“被继承”的权利，它意味着财产权是绝对的，任何人都不可能有合法的干涉理由。在 17 世纪末和 18 世纪初，威廉·配弟、伯纳德·曼德维尔等人认为，人可自由选择时，可以在这种情况下为自己尽最大努力。当他似乎接受他不喜欢的东西时，目的是避开他自己不喜欢的东西（Kaye，1924）。自由选择使人们能够取得他们认为在他们的处境中最好的结果的观念是自由的有力工具性论据。

1.1.3.2　弗里德曼和哈耶克的经济自由思想

弗里德曼（1962）认为市场与个人间接自由的关系，萨缪尔森（1963）发扬弗里德曼的研究，认为一旦两个意愿存在于同一个相互依存的宇宙中，完全自由是无法定义的。实际上“自由”实际上是一个几乎无限分量的向量，而不是一个可以简单排序的一维事物。弗里德曼（1991）认为，自由私人市场的一个特点是，交易的所有各方都认为，通过这种交易，他们会过得更好。它不是一个只能以牺牲他人为代价受益的零和游戏。在这种情况下，每个人都认为情况会更好。但是，就其所有的力量而言，基于结果的善性来论证一种特定形式的自由意味着对自由的限制同样是合理的。哈耶克（1960）的论点，即希望取得成果不足以证明使用“胁迫”来实现这一目标是正当的。哈耶克的自由概念是法律规定的自由，他给予自由的优先地位和诺齐克的自由一样毫不妥协。然而，优先事项的基础不同。哈耶克的论点是，个人的自由是发展过程的一个条件。这不是基于个人的权利，而是基于由此产生的“人类”或社会利益。竞争是最有效的发现程序，它将导致寻找更好的方法来追求人类的目标。只有当有很多不同的做事方式可以尝试时，才会存在这样各种各样的个人经验、知识和技能，这样不断选择最成功的人就会导致稳步的提高。（Hayek，1978）。

最终，这种对自由的捍卫是基于社会和进化的基础，因此与诺齐克人的神圣权利相去甚远。迄今所讨论的自由就是所谓的消极自由或没有胁迫。但是，正如富兰克·奈特在他对哈耶克的批判中所说："自由的构想，意味着机会，必须使用拥有的权力，满足自由的需要"（Knight，1967）。自由是值得高度珍视的东西时，指的是一种积极的力量或能力，做或享受一些值得做或享受的事情，这也是做或享受与他人共同的事情。所说的权力是指每个人通过他的同伴给予他的帮助或安全来行使的权力，而他反过来又帮助他们获得这种权力。当通过一个社会的自由增长来衡量一个社会的进步时，通过以下方式来衡量它：在整个社会中，认为社会成员所拥有的为社会利益作出贡献的力量越来越大；简而言之，公民作为一个使自己发挥最大和最大作用的机构的力量越来越大。因此，尽管在那些不情愿但被迫采取行动的人中间当然不可能有自由，但在另一种消除强迫的情况下，仅仅使一个人能够随心所欲，本身就是对真正自由的贡献（Green，1988）。哈耶克并没有具体论述安全和某种程度的平等是个人自由的必要条件这一观点，他所做的是对任何形式的经济集体主义都符合个人自由的观点发起一次全心全意的攻击。事实上，每个社会制度都意味着一套共同的价值观和普遍接受的目的，它通过各种制裁来强制接受它们。所有个人自由都是相对于某种规则框架而言的，这些规则是一个人所生活的特定类型社会所固有的。哈耶克认为经济自由主义是指尊重个人、承认个人在限定范围中其自己的观点和偏好是至高无上的。目前能否建议在财产、继承、契约、金钱和商业组织领域建立一套可行的机构，这些机构将与私人财产和自由市场兼容，同时保证普通人的合理生计安全，并防止财富积累（更重要的是，权力集中于财富）在少数群体手中？哈耶克认为承认这样一个方案的可能性，认为"创建一个理性的法律框架的任务"绝不是与早期的自由主义一致的。虽然格林的定义特别强调权力或能力取得有价值的结果，但其他积极自由的特征则强调自我控制或自主。因此，在他的论文"两个自由概念"中，格林谈到了一种积极的自由观，其中自由包括成为一个人的主人（Berlin，1969）。自我控制涉及这样一种观念，即自由是与许可的区别，应该受到理性的支配，反映自我，而不是激情和冲动。如果人实现自我控制，就能控制自己的行动，人是自由的，因为人不会被阻碍实现真正的目标（Carter，1999）。虽然他们强调积极自由概念的不同方面，但权力和自我支配的观点是一致的。正如 Gray（1992）所说，要想拥有自主权，一个人需要有一系列有价值的选择被提供，不受胁迫的束缚，并拥有在他所选择的领域取得成功所需的能力和资源。马歇尔是采用积极自由理念的主要正统经济学家，拒绝自由的概念层面，认为自由是赫伯特·斯宾塞在时间缺乏克制时提出的，并主张真正的自由是由理性构成的。经济发展和随之而来的知识和信念的增长给了人们真正的自我控制自由，使其能将自己的自由意志限制在自己的行动上。马歇尔期待着一种社会生活秩序，在这种秩序中，共同利益推翻了个人的反复无常，个人自由在集体自由中发展。

1.1.3.3 阿马蒂亚·森等人经济自由思想

刘易斯提出了经济发展与自由之间的联系，经济增长好处是其不仅财富增加了幸福，而且是增加了人类选择的范围。“经济增长使人对环境有更大的控制，从而增加了其自由”（Lewis，1955）。阿马蒂亚·森提出，发展应被视为扩大人们享有真正自由的过程。阿马蒂亚·森认为，扩大自由不仅是他寻求实现这一目标的方式，是通过雄心勃勃但看似简单的手段，通过注重真正的自由而不是效用来改变经济学的信息库。这不仅仅是在新的框架下使用明确界定的积极自由概念的问题。第一，它要求提出和处理与自由的内容和维度有关的问题。第二，通过改变信息基础而不是主体的分析结构将自由纳入经济学，需要将自由视为个人的利益，而不是像从前也赞同积极自由的学者同样的观点，将自由视为不可减少的社会概念。第三，虽然阿马蒂亚·森的自由概念相当强调人们可以获得的真正机会，但他的自由概念的范围相当全面，包括自由的各个方面，远远超出了对人类福祉的考虑。在试图捕捉这些不同的自由特征并将其纳入传统的经济分析框架，阿马蒂亚·森被引导将这一概念分解为“机会”和“过程”两个方面。阿马蒂亚·森最初关心的与其说是自由，不如说是寻找一个合适的信息基础来建立一个建设性的福利经济学，首次引入了“基本能力”，一方面是作为效用的替代，另一方面是约翰·罗尔斯的“初级商品”概念。与初级商品相比，对“基本能力”的关注将注意力从商品本身转移到商品对人类的作用上。与效用相比，它侧重于商品对人类的影响，而不是对这种影响的心理反应。阿马蒂亚·森认为，幸福可以从一个人如何运作的角度来看，一个人的各种“行为和存在”被称为功能，诸如饮食或阅读等活动，或存在状态，如无疟疾和营养良好。阿马蒂亚·森将一个人的能力定义为一个人所能达到的一组功能向量，取决于他对货物（权利）的指挥和可利用的一套利用职能。在购买或取得控制权的货物以及如何利用这些货物方面，个人通常有一些选择。他可以实现行使这些选择的不同功能的总和代表了人的能力集，“幸福自由”是人所拥有的优势（Sen，1985；1987）。阿马蒂亚·森的能力概念与旧的积极自由概念有相当大的亲和力，创新是试图确定自由概念，并评估其程度，特别是以考虑到个人差异的方式。托马斯·盖尔·穆尔（1969）认为自由可以用福利来定义。行动成本（或非行动）的变化可以被认为是一种走向自由的运动，如果它增加了福利。可以认为，一个人有采取各种行动的欲望，每一种行动都对自己和可能对他人造成代价。如果在不影响他人成本的情况下降低了个人采取某些行动的成本，那么将考虑向更自由的社会迈进。还有一个其他的福利含义，应该从这一分析中得出。如果目标是最大限度地发挥柏格森社会福利函数，这不仅是市场商品和服务数量的函数，也是经济自由等其他活动成本的函数，那么就不一定希望社会福利函数的经济部分最大化。即如果经济自由没有得到最大限度的实现，当市场部门的一些通常的边际条件受到约束时，总福利可能会更高。换句话说，必须推广次优理论，包括市场变量和自由变量。一般来说，由于市场变量和福利函数中的其他变量相互作用，最大化的目标同时取决于福利函数中所有因素的变化。这一分析表明，完全定义自由意义是可能的。分析也是富有成果的，因为它对公共政策有影响。它至少提出了在处理公共政策问题时的正确问题。此外，由于自由竞争市场倾向于内化外部性，这表明这样的市场将导致经济自由社会。

1.1.4　公平的经济学维度研究

经济学研究是基于资源稀缺性的伦理，就产生了产权，有了人类就有分配问题，就有经济公平问题（因天赋、能力和努力的差异带来分配的差异）。早在古希腊，苏格拉底就在雅典街头与人争论何谓公平，亚里士多德认为公平是城邦的基础，霍布斯在《利维坦》中提及公平是履行契约，不夺人所有，洛克认为享受平等的权利与生命、财产权同样重要，人的福利就是法律。此外，功利主义主张最大多数人利益的最大化的公平，罗尔斯主义主张社会上状况最差的人的福利最大化的公平，追求权利、自由、机会、财富和收入上的平等，相对于分配的过程，罗尔斯更关注分配的结果，强调分配结果的正义，强调在集体合作中尽可能缩小资源分配差距，关注弱势群体。哈耶克自由思想，维护市场竞争所形成的分配，认为只要分配的过程是公正的。

德沃金的资源平等理论，认为每个人都有被平等对待的权利，政府应该平等地对待每一个社会成员给予他们相同的物质资源，使他们免受家庭、经济和种族等不利因素的影响。阿马蒂亚·森的能力平等理论，认为应该以能力作为衡量平等与否的标准，而不平等也应该通过能力进行弥补。人类从未停止对公平问题的探讨，集中于机会平等和结果平等的探讨。机会公平注重机会前安排，结果公平注重“补偿性平等”，社会应将同情性置于分配框架，再分配是一种制度安排。

1.2　精准扶贫政策的福利经济学基础

1.2.1　福利经济学的起源和早期发展

自人类社会产生，对经济问题的讨论和研究就从未停止。在人类的演进过程中，对经济问题的关注始于简单的生产、消费、交换和分配，但对于经济学系统正式的研究却始于亚当·斯密，斯密也被诸多经济学家奉为“经济学之父”。斯密的《国富论》中前三篇主要对经济效率的性质与原因进行了系统详尽的论述，构建了以效率为核心的古典经济学体系，第四篇论证了公平的标准。《国富论》通篇以经济自由为主旨，论证了市场是实现“效率、公平和自由”的重要手段这一核心观点。舍默发现，人们并非越富有就越幸福，“财富与幸福脱节是两个原因导致的：遗传学和相对价值造成的”。

人类基因中先天带有对幸福的偏好，在解决了基本的经济问题之后，便开始关注自身福祉水平，这就是福利经济学兴起的原因。斯密虽未构建福利经济学体系，但在《国富论》中却已形成了完整的福利经济学思想构架。科斯认为斯密在解决陌生人之间的资源配置问题上使用了利己心和市场，在解决熟人之间资源配置问题采用了同情心和道德。效率范式方面，斯密的主要贡献是构建效率福利传统，为主流经济学发展奠定了基础；而公平范式方面，斯密的研究被主流经济学所忽视。

1.2.2 福利经济学的产生和新旧福利经济学

福利经济学作为主流经济学的一个分支，与主流经济学有着不同的哲学基础。福利主义的思想，从1870年开始成型，真正出现时在20世纪20年代，1913—1920年，基本奠定了福利经济学的范式。庇古于1912年出版了《财富与福利》，修改后于1920年正式出版了第一本系统的福利经济学著作《福利经济学》，代表旧福利经济学正式诞生，其哲学基础是边沁的功力主义思想和基数化的边际效用价值论。庇古认为，公平是福利的第一要务，如果国民财富的增长加剧了社会收入分配差距，那这种增长对社会福利而言毫无意义。边际革命以后，价值理论的改变引起了福利经济学走向效率传统。1913年，帕累托在其一篇著作中提出了效率的福利观，标志着新福利经济学的诞生。帕累托认为社会效率的判断不应建立在非均衡的基础上，提出了一般均衡效率的判断标准。

帕累托效率准则（一些人变好，没有人变坏）对社会改进来说是一个合理的、充分的标准。但大多数政策变革的结果往往是在使部分人境况变好的同时，部分人境况会变坏。这导致标准的帕累托准则在判断现实社会政策变革中的福祉变化方向时失效了，在此情况下，是否存在其他判断社会改进的充分标准。下面对这个问题进行论述。

对社会政策变革中福祉标准的争论是与“新”“旧”福祉经济学的划分密切相关的。所谓的“新”福祉经济学，依今天的标准看来并不太新，其主要特征为：①帕累托准则及其相关边际条件的普及；②柏格森于 1938 年发表的论述社会福祉函数的文章；③1940 年前后关于补偿标准的争论。帕累托的原著实际上（以法语）出版于庇古第一版的《福利经济学》之前，庇古此书是旧福祉经济学的集大成。

新旧福祉经济学家的主要区别在于旧经济学家们愿意应用像快乐这样的主观概念，并认为这些概念既可以测量，也可以进行边际比较；新福祉经济学家们则试图仅应用像选择这样的更加客观的概念，并避免效用的人际比较。例如，庇古（1932）认为下面的事实是“显而易见”的：任何将收入从相对富裕的人向性情相近的相对贫困的人转移，都能增加社会满足的总量，因为它以并不太急切的需要为代价满足了更加急迫的需要。罗宾斯（1932，1938）强烈反对在科学分析中进行效用的人际比较。但多数政策确实会使部分人境况变好、部分人境况变坏，所以只有通过人际比较一项政策才有可能实行。而卡尔多（1939）则试图通过应用可能的补偿来解决这一难题，他提出：在某种政策能够增加物质生产和实际收入的情况下，经济学家们对政策的立场并未因个人满足之间的比较问题而受影响；因为在这种情况下，能够做到使所有人的境况都改善而没有人境况恶化；经济学家无须证明，他也从来无法证明，没有人因采用某一措施而受损，他只需证明在对受损的人进行了完全的损失补偿后，其他人的境况仍然能够得到改善就足够了。

实际上，卡尔多对社会改进提出了这样一个标准，“即只要受益人能够在对受害人进行了完全的损失补偿后其境况仍能够得以改善，则这个变革就是一个好的社会变革。”希克斯（1940）赞同这一准则，他提出了另一个姊妹准则（即希克斯准则），他认为如果受害人不能够有利可图地贿赂受益人来反对变革，那么该变革将会带来社会改进。

这些福祉标准或补偿标准的一个重要特点是它仅论及假设性的补偿而非实际补偿。如果对所需要的补偿业已支付，就不再需要这些标准。所有人境况都改善或者至少没有人恶化的帕累托准则本身就很充分了。所以，这些补偿标准的优点和缺点都来自其假设性。而且无论是卡尔多准则还是希克斯准则都没有回避侵权问题和改变社会结构带来的问题。变革有可能导致有些人受益，而另一些人受害。受益者和受害者的身份是依据什么标准来确定的，即受害者凭什么要承担变革带来的损害，受益者又凭什么享受收益呢？卡尔多准则并未明确。

西托夫斯基（1941）很快发现了卡尔多—希克斯准则的缺点，他用一系列埃奇沃思盒子证明了卡尔多—希克斯准则会自相矛盾。卡尔多准则可能会赞同某一变革，但现实的变革过程（即从变革后的情形再回到变革前的情形）可能也会得到该准则的赞同，这就出现了逻辑上的矛盾。为避免矛盾，西托夫斯基（1941）提议，只有当一种变革同时满足了卡尔多准则和希克斯准则（或与之相当的西托夫斯基反向标准），它才能被明确地认定为好的变革。但西托夫斯基的提议很快被人指出，会出现政策判断上的循环逻辑矛盾。

卡尔多、希克斯和西托夫斯基所提出以帕累托效率准则为基础的一系列福祉判断标准之所以存在矛盾，其根源就在于他们都只把境况的改善定义为福祉水平中效率的提升，只根据效率的改进来判断福祉的变动方向而忽略了补偿所带来的再分配过程中，社会公平正义是否得到了改进。也就是说，他们对于福祉这个定义的理解过于狭隘和片面，认为收入的提升就是境况的改善和福祉的增进，并未考虑人际的效用比较所带来的问题。基于此，李特尔（1949，1957）认为卡尔多、希克斯和西托夫斯基所提出的准则都是针对潜在的改进、为了使福祉标准能够应用于实际的改进，应将分配的效益考虑在内。李特尔准则提出了下列三个问题：（1）受益者在完全补偿了受害者后是否仍能得到改善（卡尔多准则）？（2）受害者是否可以通过贿赂受益者反对变革来获益（西托夫斯基反向标准）？（3）是否任何再分配都是有益的？在假定直接的再分配行不通的前提下：如果对问题（3）的回答是肯定的（或否定的），而且对前两个问题中的至少一个的回答是肯定的（或否定的），那么该变革就应当被采用（或否决）。

李特尔准则有下列两个前提：一是帕累托准则：如果部分人的境况得到改善而没有任何人境况恶化时，就是社会改进；二是在其他条件不变的情况下，如果收入分配能够得到改进，就存在社会改进。

李特尔准则是福利经济学发展中公平和效率的第一次融合，也是第一次将公平和效率放在同等地位上考察社会福利问题。将公平与效率融入统一框架是福利经济学趋于系统化的体现，此后，柏格森—萨缪尔森社会福利函数也形成了公平和效率统一的分析框架，使社会福利函数走向了更加一般化的研究道路。

1.2.3　福利经济学的新发展及其趋向

第二次世界大战之后，社会主义和资本主义两大阵营在公平和效率上的冲突导致了福利经济学的研究开始集中于寻找公平和效率的实现途径，即对自由的探讨。

新兴福利主义与自由主义的代表人物是哈耶克和阿马蒂亚·森。哈耶克认为福利只有在个人主义下的自由市场才能够实现。而阿马蒂亚·森认为可以利用经济学的一般均衡理论为道德哲学作出贡献，进而结合福利经济学为主流经济学作出贡献。同时阿马蒂亚·森也认为自由有利于效率的获取，其本身就是有价值的东西。抛开自由谈效率，会降低主体的可行能力水平从而影响福利。抛开自由谈公平，更加难以保证主体的生存权和发展权。

由于经济学中的稀缺不仅指资源的稀缺，在人类社会中，权利、制度等政治因素也同样重要，所以，研究人类福祉应从交叉学科的角度出发。赫希曼就将政治学与经济学进行综合，试图通过政治权利设置和个体行为结合，给出效率和公平的一般研究范式。新奥地利学派也在自由伦理的基础上构建了新的人类社会福利观。随着经济学的发展，社会学、人类学、管理学、法学、生物学、心理学以及脑科学的研究逐步对主流经济学的研究假设提出了挑战。学科的竞争和融合形成了不同范式的福利经济理论。

1.3 代表性社会福利函数

福利经济学是一门致力于判断社会福祉在一种经济状态下比在另一种经济状态下更高或更低的学科。这个定义与米香（Mishan）的定义相差无几："理论福利经济学是……致力于对可供社会选择的经济状态用好坏来进行排序的学科（Mishan，1969b）。"实际上，如果将社会福祉定义成什么是好的，或应将什么东西最大化，那么上述两个定义就毫无二致。但"好""坏"两个术语是明显的规范性判断，而"社会福祉"则既可以作规范性解释，也可以作实证性解释。的确，大多数人都将"社会福祉"当作规范性术语。但如果采用"社会福祉"这一术语的实证性定义也入情入理。所以，对于社会福利函数的定义，可以先从帕累托的规范方式开始分析，再从实证的角度进行以基数效用论为基础的分析。

1.3.1 帕累托式社会福利函数

1.3.1.1 帕累托式社会福利函数的一般形式和伯格森—萨缪尔森社会福利函数

首先，可以将社会福祉定义为个人福祉的向量，得到：

$$W = W(W^1, W^2, \cdots, W^I) \tag{1-2}$$

其中，W^i 是第 i 个人的福祉，I 是相关人数。这里的个人福祉是指一个人的福祉状况，直接地说，就是他的快乐。这里的快乐既包括感官上的愉悦和疼痛，也包括精神上的快乐和痛苦。如何来测量个人的（净）快乐呢？走出这一困境的方法之一就是，假定每一个人都是他自己福祉状况最好的裁判，并且他会将自己的福祉最大化。因此，当他喜欢 x 甚于 y 时，就认为他在 x 状态下要比在 y 状态下更快乐。可以把他的效用函数（该函数代表了他的偏好）作为他福祉的序数指标。相应地，可以将社会福祉直接定义为个人序数效用的向量。这样就得到：

$$W = (U^1, U^2, \cdots, U^I) \tag{1-3}$$

其中，U^i 是代表第 i 个人序数偏好的效用函数（此处不讨论效用函数存在的充分条件或必要条件的技术问题）。

当且仅当一个向量中的一些元素大于另一向量中的相应元素，而无任何元素小于另一向量中的相应元素时，这一向量大于另一向量。如果将社会福祉定义为众多个人福祉（或效用）的向量，当且仅当其中某个或某些个人的福祉（或效用）增加而任何人的福祉都没有减少时，认为社会福祉增加了。如果其中部分人的福祉增加而另一部分人的福祉减少，那这种社会福祉变化（根据向量的定义）无论是从变化的方向上还是从变化的量上都难以界定。

必须审慎地区别社会福祉的向量定义和帕累托社会福祉函数定义之间的不同。帕累托准则（Pareto Principle）是指当一部分人境况改善而同时没有人境况恶化时社会福祉增加了。此处的“改善”可以是“更快乐”，也可以是“处于更喜欢的境况”。帕累托社会福祉函数遵循帕累托准则。“一部分人福祉（或效用）增加而没有人福祉（或效用）减少”对社会福祉的增加是充分条件而非必要条件。同理，如果某一变化满足帕累托准则，依照帕累托社会福祉函数，就可以说这是一个好的变化。但在帕累托社会福祉函数下，一个好的变化并不一定满足帕累托准则。例如，一个变化可能会使少数人的境况轻微的恶化，却能使很多人的境况明显地改善，根据帕累托社会福祉函数，这可以是一个好的变化。帕累托社会福祉函数可用下式表示：

$$W = f(W^1, W^2, \cdots, W^I) \tag{1-4a}$$

对所有的 i 来说，$\partial f / \partial W^i > 0$ (1 – 4b)

等式（1 – 4a）是柏格森个人主义的社会福祉函数（柏格森，1938），而等式（1 – 4b）却使它变成了帕累托式的社会福祉函数。根据函数的定义，对每一个 $W^i (i = 1, \cdots, I)$ 值的集合来说，W 的值只有一个。如果有一个（特定的和完全界定的）帕累托社会福祉函数，尽管集合中某些个人的福祉与原初位置相比朝着相反的方向变动，仍然能够判断另一状态下的社会福祉函数是提高了还是降低了。但对于社会福祉的向量概念来说，这种比较是行不通的。

伯格森—萨缪尔森社会福利函数的一般形式没有具体的函数形式，是具有一般性的社会福利函数，使用者可以根据自己的具体问题设置函数的形式。但由于该函数建立在福利主义、强帕累托标准和严格准凹性条件上，其具体函数形式的设定也是一个比较难以实现的问题。

1.3.1.2 卡尔多—希克斯社会福利函数（福利改进判别标准）

卡尔多和希克斯的社会福利函数在判断社会变革或社会形态发生改变时的福祉变动方向时，强调的是补偿后满足帕累托准则即可。即当一项变革发生以后，收益者能在完全补偿受害者之后效用仍有剩余或受害者不能有利可图的贿赂受益者来反对变革时，就能够判断这项变革是有利于社会福祉改进的。以此为基础的社会福利函数看似合理，但仍存在比较严重的问题。若只强调效率的改进而不去考虑分配制度的改进，没有将公平纳入社会福利评价体系中，仅以效率的提升作为福利改进的依据，会造成对社会公平正义以及对人际效用比较的忽视，最终一定会产生结论的循环矛盾。西托夫斯基曾经尝试解决卡尔多—希克斯社会福利准则的矛盾，但最终也由于忽视了公平问题而以循环矛盾的结论告终。

1.3.1.3 李特尔社会福利函数（福利改进判别标准）

李特尔社会福利函数有两个至关重要的前提，一个是再分配制度是否得到改进（社会公平正义有否提升?），这是社会福利改进的前提。在分配制度改进的基础上，若满足另一个前提，即帕累托准则（效率有否改进?），则才能判定是社会福祉的提升。李特尔将社会公平正义，即人际的效用比较放在了一个比较重要的位置上。结合效率提出了应使用基数化的社会福利函数来进行数值的比较和判断，进而解决变革发生或福祉变动方向的问题。但李特尔准则也并非没有瑕疵，其中连贯的社会福利函数是否存在，就是一个值得争议的问题。

1.3.1.4　阿罗社会福利函数

阿罗第一个使用了“社会福祉函数”概念，这与伯格森数值社会福祉函数并不完全相同。这个函数从一个对所有社会状态的个人效用函数集或福祉函数集中确定了一个社会排序，但阿罗最终得到的结论是，这样的社会福祉函数是不可能存在的。阿罗在该函数下定义的社会状态为：

“完整地描述了每个人所拥有的每一种物品数量、每个人所可以提供的劳动量、在每一类生产活动中所投入的每一种生产资源的数量，以及像市政服务、外交活动和通过其他方式延伸活动、为名人塑像等各类集体活动的数量（Arrow，1951，1963）。”

所有可能影响到任何相关人偏好的因素都应包括在内。社群中的每个人都能够根据自己的评价对所有可想象社会状态进行明确的排序。对“可想象”社会状态的评价不一定仅仅根据自己的物品拥有情况，“人们可以根据任何自己认为合适的标准对所有的社会状态进行排序”（Arrow，1950）。

相关人的偏好和社会偏好都需要满足两个很弱的公理（这些公理是排序的必要条件）：

公理 A：完全性：对所有的 x 和 y 来说，要么 xRy，要么 yRx，其中 R 表示“胜于或等于”。

公理 B：传递性：对所有的 x 、y 和 z 来说，xRy 和 yRz 意味着 xRz。换句话说，如果 x 胜于或等于 y，而 y 又胜于或等于 z，则 x 就胜于或等于 z。

虽然阿罗是针对社会状态来论述其社会福利函数的，但其观点通常适用于任何抉择集内可能的选择，它是社会所面临的一个社会状态集，一些等待选举的候选人，或是某委员会所要决定的一些可供选择的行动。这两个关键条件意味着，相关人数多于一个，而且集体排序是以个人对其他选择的排序为基础的。

接着，阿罗又定义了这样一个“作为一个过程或规则”的章程（Constitution），“它对可供选择的社会状态的每个人的排序集 $R^1, \cdots, R^I$（一种排序对应一个人）来说，都确定了一个对这些可供选择的社会状态相应的社会排序”（Arrow，1951，1963）。

阿罗要求这个章程要满足下列五个“自然条件”：

（1）自由三择：在所有的相关选择中，至少有这样三种选择，对这三种选择的任何可能的社会排序都是可容许的。这个条件是为了保证相关的问题不会因局限于严格限制的个人排序集而变得无足轻重。

（2）社会价值和个人价值的正关联：“社会排序对个人价值的变化具有正的或至少是非负的反应。这样，如果在每个人的排序序中一种社会状态上升或保持不变，同时这些排序中的其他社会状态都保持不变，那么这一社会状态在社会排序中也应该上升或至少不会下降”（Arrow，1951，1963）。

（3）无关选择的独立性（IIA）：“在某一特定环境下社会所做的选择仅仅依赖于该环境中个人对备选方案的排序，换言之，假设有两个个人排序集，如果每一个人在一个给定环境中对这些特定方案的排序每次都相同，那么当第一个排序集所体现的个人价值与第二个排序集所体现的相同时，则要求在该环境下的社会选择也保持相同”（Arrow，1951，1963）。

（4）公民自主：社会排序不应该是强加的。假定有两个方案 x 和 y，无论个人的偏好是什么，如果社会都不能表示喜欢 x 胜于 y，那么这个社会排序就是强加的。

（5）非独裁原则：该章程不能是独裁的。

虽然阿罗通过论证了没有社会福利函数能同时满足五个自然条件证明了阿

罗不可能性定理，但其证明是不完全的，它仅仅涉及自由三择。它证明，如果满足其他条件，自由三择中的非独裁原则将被违反。但如果考虑到多于三种备选方案的一般情况，则对这些方案而言可能所有的五个条件都能满足，虽然对自由三择中的那三个方案而言五个条件不能完全满足。在自由三择中一个人是决定性的，并不意味着他对所有的备选方案都有独裁权力。所以，非独裁原则并不一定被违反。严格地讲，阿罗最初决定性集的定义也不是恰如其分的，因为“不管其他所有人的偏好如何”和“其他所有人都具有相反的偏好”并不完全相同。还需要增加一个学究式的注释，即如果人数是无穷大（这显然是不可能的），阿罗的定理就不适用了。

阿罗的定理在以下两组修正条件中的任何一组都是成立的：

（1）自由排序、IIA、弱帕累托准则和非独裁原则。

（2）自由三择、IIA、弱帕累托准则和强非独裁原则。

1.3.2　效用主义的社会福利函数

由于避开了人际福祉或效用的比较，社会福祉的向量概念显然用处不大。很多人都认可帕累托准则是社会福祉增加的充分条件而非必要条件。但如果要对某一特定的帕累托社会福祉函数予以认可，或找到一个社会福祉增加的充分必要条件却远非易事。所以被普遍接受的等式（1－4）的帕累托社会福祉函数是模糊不定的，精确的函数关系仍是未知的。因而，从这个意义上说，社会福祉函数的向量概念仅拥有这一大家都同意的“最小内涵”。例如，有关帕累托最优（Pareto Optimality）的必要条件的分析可仅以社会福祉的向量概念为基础，由此可以断言，除非某种条件得到满足，否则社会福祉向量就没有达到最大化。这样，分析不必把甚至以不确定形式存在的社会福祉函数作为基础，不管它是不是帕累托式的。同时，也不必为数学函数存在的条件而枉费脑筋。此外，甚至连不接受帕累托价值判断的人也会同意，福祉分析具有客观意义。这就决定了将福祉经济学当作实证学科来研究是可能的。

社会福祉的另一个实证性定义是个人快乐总量的效用主义概念：

$$W = W^1 + W^2 + \cdots + W^I = \sum_{i=1}^{I} W^i \tag{1-5a}$$

如果要用更多的客观指标，可以将上式写为：

$$W = U^1 + U^2 + \cdots + U^I = \sum_{i=1}^{I} U^i \tag{1-5b}$$

用等式（1－5）来代替（1－2）的优点在于，在等式（1－5）中，社会福祉的比较并不排除部分人福祉增加、部分人福祉减少的情形。等式（1－5）所面临的难题是福祉或效用进行人际比较问题。由于要对个人福祉或效用的量进行汇总，就必须找到一个通用的计量单位。换句话说，效用函数必须是单位可比的（Sen，1970）。虽然人际效用比较是一个棘手的问题，但在理论上却并非无法克服。可以想象，也许在几百年（或几千年）后，神经科学足够发达，可以精确地将快乐程度同大脑反应联系起来，并能利用一种“幸福测量仪”（Eudaimonometer）来测量。因而，尽管效用主义的研究对象是人的主观感情，等式（1－5）中的社会福祉定义却是一个客观定义。一种菜肴是否美味是主观的。但某个人享用这道菜肴却是客观的。但是在完美的“幸福测量仪”发明出来之前，对个人福祉或效用的测量不会得到人们的普遍认可。然而如果对个人福祉（或快乐、效用）采用客观的定义，这种不认可行为只是对某种事实主观判断的差异，而非基本价值判断的差异。是否应该寻求社会福祉，或像等式（1－5）所客观定义的那样将社会福祉最大化，是一个价值问题。但不管有无对这一价值问题的一致认可，对这一客观定义的概念分析可以继续进行。

诚然，除非客观定义的概念具有某种意义，否则对他们的分析虽然是可能的，却价值不大。例如，可以将 X 定义为某人头发数量的平方根之和除以他银行账号之和，然后再分析影响 X 的诸因素。但这种分析却没多大意义。所以，不能将福祉经济学建立在对任何人都没有用处的社会福祉定义上。等式（1－5）所定义的社会福祉概念是和广泛接受的价值判断相符合的。显然，要使任何社会福祉概念都能作为最大化的恰当目标为人们所广泛接受是不可能的。例如，即使在大多数人看来都非常恰当和合理的帕累托价值判断也有人激烈反对（当然，这些反对可能是基于对帕累托价值判断的误解）。使境况最差的人的福祉最大化（这就意味着在境况最差的人和次差的人的福祉之间的权衡选择是零）这样一个近乎荒诞的主张，竟然引起了人们的极大关注且拥护者甚众。

如此一来，福祉经济学家所能做的就是，或者用他们自己认为正确的社会福祉概念，或者用大多数人或政府认为正确的概念，或者是二者之间的一种妥协。这与其他的学科并无多大不同。例如，有人也许费尽心机研究如何保存“莫须有”。如果“莫须有”相对需求来说变得非常稀缺，那么这方面的研究就是很有价值的。如果“莫须有”是免费物品，这方面的研究就没有实际价值，但仍是科学知识的一个内容。

1.3.3 古典效用主义福利函数的新发展

20 世纪 70 年代以后，随着对阿罗不可能性定理证明的逐步完善，阿马蒂亚·森在进一步研究后表明，基数效用的研究范式有助于实现人际间的效用比较，找到某些社会排序的规则。这一观点表明在社会选择方面可以越过阿罗不可能性定理带来的社会选择的困境，所以出现了许多采用基数效用的社会福利函数。

1.3.3.1 新古典效用主义社会福利函数

$$W = \sum_{i=1}^{I} \pi_i U_i \tag{1-6}$$

其中，π_i 为第 i 个人的某种概率水平，U_i 为第 i 个人的效用水平。该函数在古典效用主义社会福利函数的基础上，考虑了某些不确定的因素，将其表示为概率的形式，最终和个人效用相乘后进行加总，形成了社会福利水平。

1.3.3.2 罗尔斯主义社会福利函数

$$W = \min(U^i), (i = 1 \cdots I) \tag{1-7}$$

上式代表社会福祉水平由效用最差的那部分人的效用水平来决定，该函数假定每个社会成员都有最基本的自由，且无法预知自己处于何种效用水平上，每个人都是厌恶风险的。

1.3.3.3 精英主义的社会福利函数

将社会福祉水平定义为社会中效用最大或境况最好的那部分人的福利水平，允许社会中贫富差异的最大化，具体形式如下：

$$W = \max(U^i), (i = 1 \cdots I) \tag{1-8}$$

该效用函数由于放松了对社会收入分配差距的限制，被大多数人所批评和诟病，认为违反了人类社会公平正义的伦理观。

1.3.3.4 贝尔努力—纳什社会福利函数

在一般效用主义社会福利函数的基础上，将社会成员效用相加的形式变为乘积形式，突出了平等性质。加式函数中，社会成员的收入分配差距不会影响社会福祉总量；但在乘式函数中，通过加入权重体现了社会成员间收入分配均等化可提升社会福祉总量的特质。具体形式如下：

$$W = \prod_{i=1}^{I} u_i \tag{1-9a}$$

$$W = \prod_{i=1}^{I} (u_i)^{a_i} \tag{1-9b}$$

其中，（1-9a）为简单的贝尔努力—纳什社会福利函数，（1-9b）为广义贝尔努力—纳什社会福利函数，a_i 为个人效用的非负权数。

1.3.3.5 阿特金森社会福利函数

该函数引入了社会全体成员对不平等的厌恶程度参数 α，若 α 越大，代表该社会对收入分配差距的容忍度越差，即越重视穷人的福祉水平，给穷人的福祉赋予的权重越大。其具体形式为：

$$W = \frac{1}{1-\alpha}\sum_{i=l}^{h}[(X^i)^{1-\alpha}] \quad (1-10)$$

其中，l 代表穷人，h 代表富人，X^i 为间接效用函数，即将社会中的穷人和富人作为两个群体的间接效用函数分开进行讨论。

采用效用主义的社会福利函数来客观定义社会福祉的好处是，可以把福祉经济学作为一门实证性学科来研究。福祉经济学是实证性学科还是规范性学科，即使专业人士也是言人人殊。

1.3.3.6 阿马蒂亚·森社会福利函数

阿马蒂亚·森对以萨缪尔森为代表的社会福利函数理论进行了批判，认为仅用个人效用指标来衡量社会福利也存在着缺陷，功利主义将导致“反公平现象”。因此阿马蒂亚·森提出了“能力”中心观取代幸福的效用观。阿马蒂亚·森提出的社会福利函数反映了社会成员拥有的均等经济资源，即福利。具体形式为：

$$W_t = \overline{R}_t(1-G_t) \quad (1-11)$$

W_t 表示福利量，R_t 是 t 年的人均收入，G_t 是 t 年的基尼系数，G_t 反映贫富差距状况，其值越大，贫富差距越大，反之，则较小；$1-G_t$ 就反映了社会的平等化状况。

1.3.4 不同类型人的效用函数

在本章第一部分中对偏好（或效用）与福祉之间的关系做了详细的说明，也给出了二者产生偏差的三个原因。其中一个原因是，一个人的偏好不仅受他自己福祉的影响，而且受他对别人福祉考虑的影响。所以，有可能出现以下情形：一个人喜欢 x 甚于 y，不是因为他在 x 时比在 y 时更快乐，而是因为他相信

别人在 x 时会比在 y 时更快乐。的确，也许他能从别人的快乐中得到快乐，但这不一定足以抵消他舍去 y 而选择 x 所遭受的损失。例如，在西方国家的选举过程中，一个人在明知 y 党执政对他更好的情况下，可能会投票支持 x 党，因为他相信，x 党执政会使大部分人的境况得到改善。这件事本身就会使他［情感利他主义者（Effective Altruism）］感觉更好，并且是一种外部效应。但是，选择 x 后他情感上的快乐这种外部利益不见得能抵消他收入上所遭受的损失。他选择 x 也许会出于一种关注大多数人的道德义务［非情感利他主义（Non - effective Altruism）］。来看另一个更显著的例子。一个人期望过一种非常快乐的生活，但当国家受到侵略时，他可能会为了国家而自愿承担一个会注定死亡的使命。可以想象，当亡国奴的滋味，特别是因自己没有为国出力而良心受到谴责的滋味并不好受。但即使在这样的生活状态下，他仍会期望快乐。现在，他选择为同胞的利益而牺牲。他这样做并不是为了自己福祉的最大化［因对别人的关心而导致福祉和偏好的差异，参见 Ng（1969，1999）、Sen（1973）］。

假定个人偏好可以用效用函数来表示［有关效用函数参阅 Ng（1979，1983）］，前面所讨论的福祉与偏好之间的差异就可以用这样的方式来说明：一个拥有完全知识的理性人的偏好大体来说是所有人福祉的函数。如用他的效用函数来表示，就有：

$$U^i = U^i(W^1, W^2, \cdots W^I) \tag{1-12}$$

一般地说，并不是当且仅当 $W^i(x) > W^i(y)$ 时，一个人 i 才喜欢 x 甚于 y。只有对“自我关心”（Self - concerning）的人（那些没有非情感利他主义的人）这一特定情形时才如此，这时 $U^i = U^i(W^i)$。即使对那些自我关心的人来说，他的福祉仍采用下面的一般形式：

$$\begin{aligned} W^i &= W^i(x_1^1, \cdots, x_G^1, x_1^2, \cdots, x_G^2, \cdots, x_1^I, \cdots x_G^I, W^1, \cdots W^{i-1}, W^{i+1}, \cdots W^I) \\ &= W^i(x_{g=1\cdots G}^{j=1\cdots I}; W^{j\neq i}) \end{aligned} \tag{1-13}$$

x_g^j 是第 j 个人的第 g 个变量（产品、服务或活动）的价值，$x_{g=1\cdots G}^{j=1\cdots I}$ 是 I 乘以 G 种变量的简写。需要注意的是，等式（1－13）中的 $\partial W^i/\partial x_g^j$，只包含了直接效益，如你吸烟对我健康的影响，而没有包含通过 W^j 起作用的间接影响，因为这些间接影响包含在（$\partial W^i/\partial W^j$）（$\partial W^j/\partial x_g^j$）中，例如，如果我关心你的话，你吸烟影响了你自己的健康（福祉），进而又影响了我的福祉。

应将自我关心的人同自我留心（Self - minding）的人和自我关照（Self - attending）的人区别开来。一个自我关心的人是不关心别人的福祉的，除非别人的福祉影响到了他的福祉。自我留心的人的福祉（偏好不一定如此）不受别人福祉的影响，所以其福祉只受所有人活动的影响，效用函数形式为：

$$W^i = W^i(x_1^1, \cdots, x_G^1, x_1^2, \cdots, x_G^2, \cdots, x_1^I, \cdots x_G^I) \tag{1-14}$$

自我关照的人的福祉不受别人活动的影响，只会受到自己活动和别人福祉的影响，其效用函数形式为：

$$W^i = W^i(x_1^i, \cdots x_G^i, W^1, \cdots W^{i-1}, W^{i+1}, \cdots W^I) \tag{1-15}$$

如果这个人既是自我留心的人，又是自我关照的人，就称他为自我关注（Self - regarding）的人，由定义可知，自我关注的人的福祉仅受其自身活动的影响。

$$W^i = W^i(x_1^i, \cdots x_G^i) \tag{1-16}$$

虽然为了对某一问题进行简化分析假定有自我关照的人，但在当今相互依赖性日益增强的社会，是否存在真正自我关照的人是值得怀疑的，非自我关心（如果关心是正的）的人也可以被称作是非情感利他主义的，非自我留心的人可以称作是情感利他主义的，自我关心的人更是可能存在的。一个慷慨助人的人并不一定是一个非自我关心的人，因为他这样做可能仅仅是为了从中获得乐趣。总之，情感利他主义比非情感利他主义更普遍。

进而，可以将既自我关心又自我留心的人称为自我为中心（Self - centering）的人。这种人特征如下：

$$U^i = U^i\left\{W^i(x_{g=1,\cdots,G}^{j=1,\cdots,I})\right\} = f^i(x_{g=1,\cdots,G}^{j=1,\cdots,I}) \tag{1-17}$$

如果他还是个自我关注的人，则称他为极端自我为中心的人，其特征为：

$$U^i = U^i\left\{W^i(x_{g=1,\cdots,G}^i)\right\} = f^i(x_{g=1,\cdots,G}^i) \tag{1-18}$$

不可否认，每一个人并非就是完全的某一类型的人，每个人都是多种异质性偏好的复杂集合体。可能一个极端自我为中心的人，在某一时刻也会有非情感利他的行为或也会在短暂的瞬间成为情感利他主义者。一个非情感利他主义者，在某个时点或面临某个问题时也会有极端自我为中心的行为或偏好。根据不同类型的人，进行偏好或效用函数的分析，仅为了说明偏好（或效用）与福祉并不总是一致，在做社会福利函数分析的时候，需要注意这一点。

1.4 不同福利函数标准下的社会保障制度的匹配

每一个社会都有其自身对福利的偏好和目标，根据这些目标设置形式不一的社会福利函数。为了实现社会福利最大化，每个社会都会根据社会福利函数中设置的不同变量制定最优收入分配制度和社会保障制度。本书就从帕累托式的社会福利函数、效用主义的社会福利函数和阿马蒂亚·森的社会福利函数三方面分析以及与其匹配的社会保障制度应具备的特征。

1.4.1 帕累托式社会福利函数

帕累托式的社会福利函数不但包含其一般形式，而且也包含了伯格森—萨缪尔森社会福利函数以及阿罗的社会福利函数，他们共同的特质是都以序数效用论作为研究范式，认为效用只能进行排序而不能进行测量，人际间的效用比较是无法实现的。所以帕累托式的社会福利函数下，社会保障制度更加偏重于保护和激励经济效率的提升。伯格森—萨缪尔森社会福利函数虽然没有明确的函数形式，但其也遵循帕累托准则，也默认只有效率的改进和提升才是社会福祉增加的标志。

若按照卡尔多—希克斯社会福利函数的原则，则社会应制定的保障制度是，在某些变革或变化发生以后，让变革的受益者对受害者进行完全的补偿，并准确地测量出补偿后受益者的剩余是否非负。如果回答是肯定的，则在卡尔多—希克斯社会福利函数下，这种社会保障制度才是能够让福祉最大化的制度。若在李特尔社会福利函数下，社会保障制度还应考虑到收入分配制度和人际间效用比较可能产生的一些降低社会福祉水平的问题。因为李特尔社会福利函数是在卡尔多—希克斯社会福利函数的基础上，融合了社会公平正义的考量所建立起来的一类社会福利评价体系。

阿罗的社会福利函数在其 5 个自然条件的限制下，更加强调了效率改进的重要性，所有的改进都依照效用排序的提升作为标准。所以按照阿罗的社会福利函数，社会保障制度应偏向于社会全体成员效率的提升。

1.4.2 效用主义社会福利函数

效用主义的社会福利函数更注重在基数效用论的研究范式下对社会福利水平进行衡量和测算，则对于个人效用的计算在这一类社会福利函数中就变得尤为重要。无论是一般化的效用主义福利函数，还是精英主义、罗尔斯主义或阿特金森和纳什的社会福利函数，都是以测算社会全体成员的效用水平作为理论基础的，只有将每个人的效用具体测算出来之后，才能够判断变革发生前后社会福祉的总体变动方向。

如果是一般化的效用主义福利函数，则社会保障制度仅需要保障通过个人效用加总的社会福利总量最大化即可，无须考虑每个人在收入分配中的权重问题。精英主义则需要社会保障制度将社会中挣钱能力最强的或最富裕的那批人的效用或福祉最大化即可，而罗尔斯主义需要保障的是挣钱能力最弱或拥有财富最少的那部分人的效用是否能够最大化。阿特金森和纳什的社会福利函数中，社会保障制度则更应该去关注社会全体成员对收入分配差距的容忍度和每个成员分配的权重问题，在此基础上，让每个人的效用水平最大化。由此而兼顾了效率和公平。

1.4.3 阿马蒂亚·森社会福利函数

阿马蒂亚·森对以萨缪尔森为代表的社会福利函数理论进行了批判。认为仅用个人效用指标来衡量社会福利也存在着缺陷，功利主义将导致“反公平现象”。因此阿马蒂亚·森提出了“能力”中心观取代幸福的效用观。阿马蒂亚·森提出的社会福利函数反映了社会成员拥有的均等经济资源，即福利。具体形式为：

$$W_t = \overline{R}_t(1 - G_t) \tag{1-19}$$

W_t 表示福利量，R_t 是 t 年的人均收入，G_t 是 t 年的基尼系数，G_t 反映贫富差距状况，其值越大，贫富差距越大，反之，则较小；$1 - G_t$ 就反映了社会的平等化状况。

综上，阿马蒂亚·森社会福利函数中所倡导的以工具性自由为基础的机会公平，是与我国现阶段的发展目标和精准扶贫政策耦合度较高的一种理论。

首先，习近平同志在党的十九大报告中指出“中国实现‘两个一百年’、实现中华民族伟大复兴的中国梦，不断提高人民生活水平，必须坚定不移把发展作为党执政兴国的第一要务，坚持解放和发展社会生产力，坚持社会主义市场经济改革方向，推动经济持续健康发展”。并将加快完善社会主义市场经济体制，设定为下一阶段政府工作的重点。而阿马蒂亚·森也认为改善社会经济条件和完善市场机制，是实现工具性自由的首要保障。完善的市场机制可以为人们提供拥有各种经济资源及其组合的最好机会。以阿马蒂亚·森的工具性自由作为度量我国现阶段经济发展和改革政策的社会福利效果是较为适当的选择。

其次，党的十九大报告提出的新时代坚持和发展中国特色社会主义的基本方略的第八条中提出，“坚持在发展中保障和改善民生。增进民生福祉是发展的根本目的。必须多谋民生之利、多解民生之忧，在发展中补齐民生短板、促进社会公平正义，在幼有所育、学有所教、劳有所得、病有所医、老有所养、住有所居、弱有所扶上不断取得新进展，深入开展脱贫攻坚，保证全体人民在共建共享发展中有更多获得感，不断促进人的全面发展、全体人民共同富裕。建设平安中国，加强和创新社会治理，维护社会和谐稳定，确保国家长治久安、人民安居乐业”。我国应在保障经济效率的基础上，维护社会的公平正义，并在教育、养老、医疗、扶贫等方面进行了全面的政策要求。阿马蒂亚·森的社会福利理论也支持党的十九大报告中的政策要求。阿马蒂亚·森认为，社会机会，即在教育、保健方面的社会安排，会影响个人享受更好生活的实质自由；对于社会中的弱势群体，防护性保障，即为其提供生活必需品（灾民、赤贫的人），或改善其生活条件（残疾人、相对贫困的人），是人们实质性自由的重要组成部分。结合党的十九大报告和阿马蒂亚·森的理论不难看出，用教育、医疗、养老、扶贫等方面的指标，可以度量我国保障效率、改善公平为目标的政策福利效果。

第三，党的十九大报告提出的新时代坚持和发展中国特色社会主义的基本方略的第六条指出，“坚持全面依法治国。全面依法治国是中国特色社会主义的本质要求和重要保障”。阿马蒂亚·森亦认为，符合公共利益和公平的法律，是实现个人实质自由的重要部分，也构成为发展作出贡献的手段性自由的重要部分。

综合上述分析，阿马蒂亚·森社会福利理论中所强调的提升社会福利水平的方式和目标，与我国十九大工作报告中所提出的关于脱贫攻坚和社会发展的政策与有较高的匹配度。所以，基于阿马蒂亚·森的社会福利函数，使用结合了工具性自由的公平和效率作为指标，可以客观真实的评价现阶段我国经济发展和脱贫攻坚政策的社会福利效应。

第 2 章

精准扶贫政策社会福利效果评价指标体系

在分析社会正义时，有很强的理由用一个人所具有的可行能力，即一个人所拥有的、享受自己有理由珍视生活的实质自由来判断其个人的处境。根据这一视角，贫困可以被视为基本可行能力的被剥夺，而不仅仅是收入低下，这是现在识别贫穷的通行标准。但可行能力—贫困的视角完全不否定低收入是贫困的主要原因之一的那种合理的观点，因为低收入可以是一个人的可行能力被剥夺的重要原因。所以本章在构建内蒙古自治区精准扶贫政策的社会福利效果评价指标体系的过程中，首先对传统的社会福利函数评价维度进行分析和拓展；然后按照可行能力界定贫困的视角，分析影响脱贫制度效果评价指标体系的主要因素；再从效率、平等和自由三个维度阐述评价指标体系的具体测度方法和相关指标。

2.1　社会福利函数理论变量整合与拓展

按照前述分析，在旧福利经济学家的社会福利观中，更多关注的是社会的公平问题，社会福利函数中的重要变量均和财富的平等分配相关。新福利经济学产生后，由于对人际间效用比较的质疑，人们认为在社会福利函数中纳入公平并不合理，所以在新福利经济学的社会福利函数中，重要变量只有经济效率。紧接着由于序数效用论在产生社会一致性选择时导致的循环矛盾和困境，使人际间的效用比较又重新发挥了其自身作用，从而开始产生了兼顾效率和公平的社会福利函数形式。在现代福利经济学框架下，阿马蒂亚·森又将经济自由看成是社会中的人发展中的一个重要变量，将其与效率与公平融合，拓展了福利经济学中社会福利函数的研究变量，提出新的社会经济发展目标。以下就对现代经济学中，自由作为传统福利函数中的重要拓展变量这一事实进行分析和论证。

2.1.1　自由的概念和理论框架

阿马蒂亚·森精致、简明而范围广泛地阐述了这样一个概念——经济发展就其本性而言是自由的增长。他运用历史事例、经验证据以及有力而严格的分析，显示了广义而恰当地构想的发展对自由完全不怀敌意，相反，正是由自由的扩展所组成。

发展可以看作是扩展人们享有的真实自由的一个过程。聚焦于人类自由的发展观与更狭隘的发展观形成了鲜明的对照。狭隘的发展观包括发展就是国民生产总值（GNP）增长、个人收入提高、工业化、技术进步或社会现代化等等的观点。”阿马蒂亚·森把发展的目标看作是等同于判定社会上所有人的福利状态的价值标准。财富、收入，技术进步、社会现代化等等固然可以是人们追求的目标，但它们最终只属于工具性的范畴，是为人的发展、人的福利服务的。阿马蒂亚·森认为，以人为中心，最高的价值标准就是自由。“自由”是在“实质的”（Substantive）意义上定义的，即享受人们有理由珍视的那种生活的可行能力。更具体地说，“实质自由包括免受困苦——诸如饥饿、营养不良、可避免的疾病、过早死亡之类——基本的可行能力，以及能够识字算数等等的自由。”它包括法治意义的自由，但不限于权利——自由是人们能够过自己愿意过的那种生活的“可行能力”（Capability）。因此，自由还包括各种“应享权益”（Entitlements），比如说，失业者有资格得到救济，收入在最低标准线之下者有资格得到补助，每一个孩子都有资格上学受教育。

这样的自由概念可以追溯到亚里士多德关于生活质量和亚当·斯密关于生活必需品的论述，阿马蒂亚·森在此基础上考察构成人的有价值的生活的“功能性活动”（Functionings）。举例来说，这些活动可以包括吃、穿、住、行、读书、看电视等。把这些活动列成一个清单，一个人的“可行能力”，就是对于此人是可行的、列入清单的所有活动的各种组合。在这个意义上，能力就是一种自由：能过有价值的生活的实质自由。这样的自由观既意味着个人享有的“机会”，又涉及个人选择的“过程”。假定每个人都在可行的各种“活动”组合中，按自己的标准选择最优组合，那么一个人能够实现的能力就可以通过他的实际选择而表现出来。在理论讨论中，可以假定有一个足够全面的清单来表现人的能力。在实践中，哪些活动应该列入这个清单，是一个社会选择的问题，需要通过适当的过程来解决。从实际出发，这个清单可以首先包括最基本的功能性活动，再逐步扩展到有统计资料的更多项目。联合国自1990年以来每年发表的《人类发展报告》，就包含了阿马蒂亚·森帮助设计的、评价各国发展状态的、从高度概括的到更加详细的若干清单。

首先，“自由”在发展中具有建构性（Contitutive）作用：自由是人们的价值标准与发展目标中自身固有的组成部分，它自身就是价值，因而不需要通过与别的有价值的事物的联系来表现其价值，也不需要通过对别的有价值的事物起促进作用而显示其重要性。同时，自由也发挥手段性作用。促进发展的五种最重要的工具性自由分别是：应享权益自由、经济条件、社会机会、透明性担保以及防护性保障。其次，自由是促进经济发展的不可缺少的重要手段。这是一个实证性命题，可以用经验事实来证伪。自由会促进经济发展，而缺乏自由、压制自由会阻碍发展，涉及的领域包括贫困、市场与饥荒、妇女、人口和粮食以及文化传统等。

2.1.2　自由作为价值标准及其信息基础

人们总是追求各种各样的目标或价值。提升到理论概念，这些价值标准有分析资源配置的经济学所集中注意的效率（其重要标准是“帕累托最优”，在此状态下，任何一个人的效用或福利不可能在不减少另外某个人的效用或福利的情况下提高），有政治哲学、法哲学、伦理学和其他社会人文学科所讨论的公平、正义、民主、法治、平等，等等。这些价值各自反映人的生活、社会状况的某一个或某些侧面，它们可以互相促进，也可能相互冲突——例如效率与以收入分配来衡量的平等就有冲突。自由作为价值标准的理论，试图提出一个综合的、全面的价值标准（体系），据以判定人的生活以及社会状况是否合乎理想，或者是否在向理想方向改善。

功利主义、自由至上主义和以罗尔斯正义理论为代表的公平主义是三种主要的现代价值观，每种派别的长处和局限，在很大程度上，可以通过考察其信息基础的范围和限制来进行理解。故可以将实质自由作为强调扩大信息基础的重要性，并由此构建一套综合的价值标准。

2.1.2.1　功利主义价值标准

功利主义的价值标准是：所有人的最大效用或福利。这一理论肇始于边沁，他把效用或福利定义为“幸福”或“痛苦”这样的心理状态。这立即导致信息基础的一系列问题：如何测度一个人心理状态的（绝对）水平，如何进行人际比较，如何总计所有人的效用而得到全社会的总效用水平。现代经济学把效用水平从个人心理的主观性测度转到通过消费者选择而客观地表现出来。如果观察到一个人在备选事物 x 和 y 中选择 x 而放弃 y，这就表明按这个人的偏好，x 的效用高于 y（但不能表明高多少）。这种排序的效用函数构成现代经济学的一块基石，也被用在竞争市场均衡的符合帕累托最优的证明中。注意总效用最大的状态也就是帕累托最优状态（否则总可以增加某一个人的效用而不减少任何其他人的效用，从而增加总效用）。

功利主义价值标准的优点在于，它着眼于社会机制的后果，而且后果是指人的福利（而不是，比如说，货币收入）。其不足之处则包括：（1）忽略分配。假如两个状态具有相等的总福利水平，甲状态下某一人占了99%，其余所有人分享1%，乙状态下所有人平等分享总福利，如何评价甲、乙的优劣?（2）忽略权利、自由以及其他因素。权利、自由只是间接地、按其对福利的影响程度进入福利测度，特别地，如何处理“幸福的奴隶”与“不幸福的自由人”这一评价标准的信息基础不够广，排除了应该考虑的因素。

2.1.2.2 自由至上主义价值标准

自由至上主义的价值标准是：由法治权利保证的、受最少限制的个人自由。这种法治意义的自由包括经济自由（表现在所有权不可侵犯、交易自由、对契约关系的法律保护等），以及许多其他自由权。数百年来，自由权利的价值观能够促进法治、保护人权，现在已经成为世界普适价值标准的基本组成部分。

这一价值观作为评价标准，信息基础仍显不足。它的要求是程序性的，而程序先于后果，而且不考虑后果。人们的价值观中必定包含后果方面的考量，特别地，功利主义的价值标准就是单纯以后果衡量的。所以，既要考虑法治的权利，也要考虑人们可以实际达到的享受，例如经济上不致饿死的保障、社会上扫除文盲的普遍措施。

2.1.2.3 罗尔斯正义理论的价值标准

以罗尔斯正义理论为代表的公平主义价值标准是：立足于公平的一套优先

于任何其他考虑的自由权。罗尔斯的正义理论被阿马蒂亚·森和很多其他论者认为是当代最重要的道德哲学理论，该理论从公平出发，通过及其严密的逻辑分析，导出罗尔斯称作“自由权优先”的一项要求：存在一组自由权利，不管任何其他考虑，必须保证这一组自由权利的实现。当代著名自由至上主义理论家诺齐克（Nozick）曾提出更强的“自由权优先”要求，具有优先性的自由权利的目录更长，优先性的程度更绝对。因此阿马蒂亚·森对自由权优先这一价值标准的评论，也适用于诺齐克这样的自由至上主义。

基于信息基础，某些价值要素不应“绝对地”优先于另外一些价值要素：一方面，不应该事先排除影响全面价值评价的要素。法治自由的实现，对更广义、更综合的价值标准的实现，不是充分条件。另一方面，各种后果依赖性理论，也就是关心现实中达到的福利状况的理论，都阐明了要考虑法治自由权利以外的其他要素，这是达成全面价值评价的必要条件。所以应扩大信息基础，以构成实质自由的功能性活动为评价标准；对各种价值要素共同考虑，区别对待。共同考虑的意思是，不把某种、某些价值要素（事先）排除在外。区别对待的意思是，给予特定的价值要素以特定的权重。当然，法治自由权利应优先于某些其他价值要素（例如收入）。其理由不是基于价值判断（每个人都可以基于自己的偏好，认为自由或收入更重要），而是在于自由和收入的一种经济学性质。自由权是一种“公共物品”，其重要性不能根据个人评价自己的福利状态时对其所赋予的权数来确定，因为“公共物品”的建立与废除涉及所有公民。收入则基本上是“私有物品”，一个人的收入增加或被剥夺，其影响可以在很大程度上局限于个人（及其家庭）。因此，“根据这种非对称的重要性，对自由权和的保障应该具有程序性优先”。注意这种“优先”是在共同考虑的基础上由分析产生的区别对待，不是事先排除其他考虑的“绝对优先”。在社会评价中对各个价值要素所赋予的权数，要通过公共讨论和社会选择过程来确定。

本部分的分析进一步考察了直接以人们的实质自由为焦点的含义，并确定了一种一般的方法，即集中注意人们去做他们有理由珍视的事情的可行能力，以及去享受他们有理由珍视的生活的自由。这一分析方法不仅能够直接关注自由的重要性，也能够充分注意作为其他方法基础的并使之具有实际意义的那些动机。特别是，以自由为基础的视角能够顾及功利主义对人类福利的兴趣，自由至上主义对选择过程和行动自由的关切，以及罗尔斯理论对个人自由权、对实质自由所需资源的集中注意，等等。在这个意义上，可行能力方法具有的广度和敏感度使它有宽阔的适用范围，能够对一系列重要因素给予评价性关注，其中某些因素在别的方法中以这样或那样的方式被忽略了。能达到这样广阔的适用范围的原因是，按照这个方法，人们的自由能够以公开明晰的方式根据人们有理由珍视并追求的成果和程序来评价。

2.1.3 自由作为发展的重要手段

自由的意义，还在于它的手段性作用。阿马蒂亚·森具体分析了 4 种工具性自由，它们分别帮助人们按自己的意愿过有价值的生活，又相互联系、相互促进，共同做贡献。下面简单分析一下这些工具性自由。

2.1.3.1 经济条件

经济条件是指个人享有的将其经济资源运用于消费、生产或交换的机会。人们拥有各种经济资源如劳动力、知识、土地、工具，市场机制提供各种经济资源自由组合的最好机会。但是发展中国家的市场机制多半发育不全。因此，发展的过程，基本上是自由市场取代传统社会（或其他形式）对人、对资源、对经济活动的束缚、限制、干预。发展经济学从效率、财富增长出发，在这一领域研究很多，成果也广为人知。自由是发展的核心。以人身束缚为例，发展过程中最大的挑战之一就是取消在很多传统农业社会中存在的对劳动者的束缚和强制。对劳动自由的理解，不能只着眼于市场效率，人的自由才是更重要的角度。人身自由、就业自由、工作中的自由具有非常巨大的重要性，自由有超越效率、经济利益的意义，发展就是自由的扩展。

市场与自由之间存在一种更基础性的关系。众所周知，关于市场效率有一个著名的阿罗—德布鲁定理：完全竞争的市场机制在达到全面均衡时实现了“帕累托最优”。按照对个人实质自由的某种合理的特征性概括，阿罗—德布鲁效率结果的重要部分可以很容易地从效用的“空间”转换到个人自由的空间，不仅就选择商品组合的自由而言是如此，就从事各种功能性活动的可行能力而言也是如此。阿马蒂亚·森采用了与证明原来的阿罗—德布鲁结果所需要的相似的假定，证明了：竞争性市场均衡可保证，在保持所有其他人的自由不变时，没有一个人的自由可以有任何增加。

这个结果大大地拓宽了对市场机制的最优性的理解——市场机制所达到的“帕累托最优”可以用实质自由来衡量。目前，在很多发展中国家，反对、批判乃至否定市场机制的思潮和社会势力仍然广为存在。其立论基础，包括规范性的（例如，市场机制只追求效率，否定其他价值）和实证性的（例如，实际的市场运作充满权钱交易、垄断、寻租以及导致收入不平等的扩大等）。

阿马蒂亚·森强调要以公共行动来创造条件，使市场得以良好地发挥作用：“市场机制在一定条件下取得了巨大的成功，这些条件就是，所提供的机会可以被合理地分享。为了使这种情况得以发生，需要有适当的公共政策（涉及学校教育、医疗保健、土地改革等），来提供基本教育、普及初级医疗设施、使对于某些经济活动（如农业）至关重要的资源（如土地）可以利用。甚至在极其强烈地需要经济改革来允许市场有更大的空间时，这些非市场设施仍然要求细致的、坚决的公共行动。”如果实际的市场运作远离理想状态，甚至远离正常状态，就必须找出其根源，“对这些情况的处理，不是压制市场，而是让市场更好地运作，具有更高的公平性，而且得到适当的补充。市场的整体成就深深地依赖于政治和社会安排”。

2.1.3.2 社会机会

社会机会指的是在教育、保健等方面的社会安排，它们影响个人享受更好生活的实质自由。其手段性作用，熟知的正面例子是亚洲“四小龙”的高速发展得益于教育的普及。反过来说，不识字对一个人参与那些要求按规格生产或对质量进行严格管理的经济活动（如全球化贸易所日益要求的那样）来说，是一个绝大的障碍。类似地，不会读报，或者不能与其他参加政治活动的人书面联系，对于政治参与也是一种限制。20 世纪 80 年代以来中国的经济增长速度高于印度，除了印度进行改革较迟及其他因素以外，印度总体而言在教育、保健等方面的落后是关键原因。

2.1.3.3 透明性担保

透明性担保是指人们在社会交往中需要的信用，它取决于交往过程的公开性、对信息发布及信息准确性的保证。从事交易的双方总是预期对方在谈判时提供有关交易的全面而准确的信息，而且在达成协议后信守承诺。没有这种信用，市场机制无法运作。守法的老百姓总是预期政府提供的信息是全面而准确的，有关的法令政策（如政府所声称的）是符合公共利益的、公平的，有关的官员是在奉公行事。没有这种信用，社会无法维持正常秩序。在这个意义上，透明性担保成为个人的实质自由的重要部分，也构成为发展作出贡献的手段性自由的重要部分。

透明性担保与健全的市场机制紧密相连，这涉及市场的基础设施的建设和行为规范的确立。亚洲金融危机突出地显示了受影响的国家体制不健全：金融危机在东亚和东南亚的某些国家的形成，与商业运作缺少透明性，特别是在核查金融和商业的安排上缺乏公众参与紧密相关。国际货币基金组织（IMF）试图施加于拖欠贷款的经济体的那些基本的金融改革规定，在很大程度上与缺乏公开性、缺乏信息披露以及作为这些经济某些部门特征的那种不讲是非原则的业务关系网有关。这些特征与一种不透明的商业安排紧密相连。在亚洲危机的发生中，透明性自由的作用——或者毋宁说缺少透明性自由后果很难被怀疑。

2.1.3.4 防护性保障

防护性保障是为那些遭受天灾人祸或其他突发性困难（例如失业）的人、

收入在贫困线以下的人，以及年老、残疾的人，提供扶持的社会安全网。建立防护性保障应是一项基本建设，对于那些需要帮助的人，防护性保障或者为其提供生活必需品（灾民、赤贫的人），或者改善其生活条件（残疾人），因此构成其实质自由的一部分防护性保障不仅是所谓“福利国家”的问题，同时也是制度的问题。重要的是，要有渠道把民众（特别是弱势群体）的痛苦反映出来，要有激励机制促使政府去关怀、解决民众的痛苦。仍然以亚洲金融危机为例，一旦金融危机导致了普遍的经济衰退，民主的保护性力量一如在民主国家防止饥荒中所起的作用那样就被强烈地怀念了。新近被利夺的人得不到所需要的倾听他们说话的机会。当经济在过去几十年间每年增长了 5% 或 10% ，国民生产总值下降甚至 10% 。或许看起来并不算多，但是，如果经济紧缩的负担不是由大家分担，而是被允许全部压在失业者或者新近成为在经济上多余的人的身上——他们是最没有承受能力的——这种下降会毁灭很多人的生活，并使上百万的人陷入悲惨境地。当经济不断上升时，印度尼西亚的经济脆弱使人们可能并不在意民主，可是当一场非共同分担的危机形成时，民主的控制使他们的声音被压抑并毫无效果。在最需要民主的保障性功能时，人们最强烈地感到对它的需要。

2.1.4　价值和理性在扩展自由和实现发展上的作用

社会选择和社会价值形成是一个至关重要的问题，其研究的出发点是“运用理性来鉴别并促进更好的、更可接受的社会”。阿马蒂亚·森指出：“为此，需要有恰当的评价框架；也需要有机构和制度来为促进的目标和对价值判断的承诺而工作；此外，还需要有行为规范和理性思考来使以实现努力争取的目标。”显然，这是一种积极自由主义的路线。阿马蒂亚·森还分析了对这种路线的三种怀疑和批评。

第一种是公共选择难题，它来自阿罗在 1951 年证明的“不可能定理”：假定社会中每一成员能够作出理性选择，社会选择要么是由民主程序（多数票决定规则）达到但不满足理性条件，要么是满足理性条件但由独裁者作出。阿罗的公理化证明严密优美，其结论既严谨又令人困惑，这个定理立即引发大量研究而形成一门“社会选择”的学科。

很多研究者试图放松阿罗证明中的一些条件，来达成某种“可能性定理”。阿马蒂亚·森的方法是扩大信息基础。阿马蒂亚·森的基本观点是：阿罗定理中采用的民主机制是多数票决定，其信息基础只包括个人的偏好排序，不涉及某个人比另一个人更穷，收入转移中谁受益（与谁受损），受益或受损多少，以及任何其他信息（比如每个人是如何挣得各自那一特定份额的）。因此，“以多数原则为突出代表的这样一组规则的信息基础，是极端有限的，显然不适合对福利经济学问题作出知情的判断。这主要不是因为它导致不一致性（如阿罗定理所推广证明的），而是因为实在不能根据这么一点信息来作出社会判断”。实际上，阿马蒂亚·森曾经证明，在掌握更多信息的条件下，由民主程序达到的社会偏好可以满足理性条件。

第二种是这样的一种论证：它怀疑人们获得有意识地争取成果的能力，并争辩说“并非有意追求的后果”支配了实际的历史。亚当·斯密关于“看不见的手”的论述，哈耶克的通过自发进化而达到“人类合作的延展秩序”的理论，都强调了并非有意造成的后果的重要性的突出例子。这种反对的理论丝毫无损理性主义视角。这种视角所需要的，并非是一种根本就不该有无意造成的后果的一般性要求；它所需要的只是：试图运用理性去造成社会变化，在适当的情况下，应该能得到更好的结果。重要的不是某些后果是无意造成的，而是因果分析可以使无意造成的后果被合理地预期到，就亚当·斯密著名的“看不见的手”的例子，肉商会预期以牛肉换钱不仅对自己有利，对顾客（买牛肉的人）也有利，所以可以指望这种关系对双方都带来好处，从而是可以维持下去的。同样，酿酒商、面包商和顾客也会指望这些经济关系维持下去。一个无意造成的后果并非一定是不可预期的，而许多事情依赖于这个事实。实际上，交易各方对这样的市场关系能继续下去的信心，特别依赖于作出这种预期或隐含的假定。

如果说哈耶克用这个例子阐述的是，自发自利的行动可以通过自愿交换达到“人类合作的延展秩序”，强调的是这种结果的“并非有意追求”的一面，阿马蒂亚·森则强调对这种并非有意追求所达到的“结果”的理性认识（预期），进而主张把这种认识运用到改进社会的努力中去。哈耶克坚决反对的是“致命的自负”，即自以为掌握了“全能理性”而对社会进行全面控制。阿马蒂亚·森的实质自由理论与对社会进行全面控制是完全不相容的。由此阿马蒂亚·森认为，如果“理解无意造成的后果思想的正确方法”的基础是“对于重要的然而是无意造成的后果的预期”，“那么这个思想与理性主义改革就完全不是敌对的。事实上，正好相反。经济和社会的理性思考可以注意那些并非有意造成但由于体制性安排而引起的后果，而且特定的体制安排可以因为注意到各种可能产生的、无意造成的后果而获得更准确的评价”。如果注意到另一位著名自由主义者、哈耶克的好友和争论对手卡尔·波普尔（Karl Popper）一方面以《开放社会及其敌人》痛批极权主义思想基础，另一方面又以《科学发现的逻辑》一书奠定理性批判主义的基础，赞同凯恩斯经济干预政策，主张“分项社会工程”（Piecemeal Social Engineering，或译为“零星社会工程”），就可以更好地理解积极自由主义者按照理性改进社会的思路。

第三种是，对于人类价值观和行为规范的可能作用范围的怀疑：“行为模式是否真的能够超越那种狭隘定义的自利？如果不能，那么就有这样的论证：尽管市场机制还可以运作（因为它被认为只需要依靠人们的自利动机而无须任何其他东西），但是任何要求具有更多‘社会性’‘道德性’‘承诺性’因素的社会安排就都是不可能的了。按这种观点，依靠理性来争取社会变化，不可能超越市场机制运作的结果（即使市场机制导致无效率、不平等或者贫困）。从这个视角来看，想得到更多东西，简直是毫无指望的乌托邦。”

这样的怀疑主义非常缺乏依据，自利当然是一个极端重要的动机，而且许多经济和社会工作由于对这个基本动机的重视不足而受挫。但是人们每日每时都看到，人们的一些行动反映了明显具有社会成分的价值观，那些价值观使人们远远超出纯粹自私行为的狭隘局限，社会规范的出现，可以由交往式理性思考和进化性行为模式选择来解释。同样是民主社会，公共决策所体现的价值判断、社会规范可以而且确实有不同。欧洲国家与美国相比，有更多的社会福利，近年来有高得多的失业率和通货膨胀率。美国公众对高失业率、高通货膨胀率、高财政赤字和巨额国债的反感，远比欧洲公众强烈，对社会福利的兴趣，远比欧洲公众低。运用带有社会责任感的理性思考以及关于正义的思想，与个人自由的中心地位紧密相关。这并不是断言，人们总是唤起他们的正义意识，或者运用他们带有社会责任感的理性思考的能力来决定如何行使他们的自由，但正义意识是那些能够而且常常确实激发人们的动机因素之一。

就实践而言，公共选择的基础，一是自由，二是民主。这就是说，每一社会成员必须拥有自由来表达自己的价值偏好，一个社会要通过公开讨论和公众参与包括民主选举来形成被采纳的社会价值及公共决策。社会选择是一个过程，社会成员可以在此过程中学习，从而理解、体会与自己不同的价值观念，调整自己对某些价值要素所赋的权重，乃至有可能地改变自己的价值观念。社会价值标准在此过程中形成、改变、发展、提升。

价值概念和社会规范对发达国家的市场机制同样可以发挥积极作用。在当代世界，资本主义所面临的那些重大挑战，包括不平等问题（特别是在前所未有的丰裕世界中都存在着那种摧残人的贫困），以及“公共物品”问题（即人们共同享受的物品，例如环境）。对这些问题的解决办法几乎肯定会需要超越资本主义市场经济的机构和制度。但是，在许多方面，资本主义市场经济的作用范围本身，也可以通过适当地培育起对上述问题敏感的伦理观念来加以扩展。市场机制与多种多样价值观的相容性，是一个很重要的问题，并同时探求拓展体制性安排以超越纯粹的市场机制的局限性。

2.1.5 自由与发展

发展可以看作是扩展人们享有的真实自由的一个过程。聚焦于人类自由的发展观与更狭隘的发展观形成了鲜明的对照。狭隘的发展观包括发展就是国民生产总值增长、个人收入提高、工业化、技术进步或社会现代化等的观点。当然，国民生产总值或个人收入的增长，作为扩展社会成员享有自由的手段，可以是非常重要的。但是自由同时还依赖于其他决定因素，诸如社会的和经济的安排（例如教育和保健设施）。类似地，工业化、技术进步、社会现代化，都可以对扩展人类自由作出重大贡献。但自由还取决于其他因素的影响。如果发展所要促进的就是自由，那么就有很强的理由来集中注意这一主导性目的，而不是某些特定的手段，或者某些特别选中的工具。从扩展实质性自由的角度来看待发展，就会把注意力集中到那些目标——正是它们才使发展变得重要，而不仅仅是某些在发展过程中发挥显著作用的手段。有时候，实质自由的缺乏直接与经济贫困相联系，后者剥夺了人们免受饥饿、获得足够营养、得到对可治疾病的治疗、拥有适当的衣服和住所、享用清洁用水和卫生设备等自由。在其他情况下，不自由紧密地联系到缺乏公共设施和社会关怀，诸如防疫计划、对医疗保健或教育设施的组织安排、有效的维持地区和平与秩序的机构。

由于两个不同的原因，自由在发展过程中居于中心地位：（1）评价性原因：对进步的评判必须以人们拥有的自由是否得到增进为首要标准。（2）实效性原因：发展的实现全面取决于人们的自由的主体地位。第一个动机，即应该集中注意自由的评价性原因。对于上述第二个即实效性原因，必须考察有关的经验性关联，特别是在不同种类的自由之间相互促进的关联。正是由于这些相互关联，自由、自立的主体才成为发展的主要动力。自由主体不仅自身是发展的一个“建构性”部分，它还为增强其他类型的自由主体作出贡献。

个人自由与社会发展成就之间的关系远远超出建构性联系——虽然那是很重要的。人们可以成功地实现什么受到经济机会、社会权力、促进良好健康的条件、基本教育以及对开创性行为的鼓励和培养等等因素的影响。提供这些机会的制度性安排，又取决于人们对其自由的实施，即人们是否运用其自由来参与社会选择、参与促进这些机会发展的公共决策。

2.2 影响精准扶贫社会福利效应衡量指标的因素

收入不足确实是造成贫困生活的很强的诱发性条件，但从可行能力的视角看待贫困（与标准的以收入为基础来评估贫困相对照）的意义在于以下三个方面的理由。

（1）贫困可以用可行能力的被剥夺来合理地识别；这种方法集中注意具有自身固有的重要性的剥夺（不像收入低下，它只具有工具性的意义）。

（2）除了收入低下以外，还有其他因素也影响可行能力的被剥夺，从而影响到真实的贫困（收入不是产生可行能力的唯一工具）。

（3）低收入与低可行能力之间的工具性的联系，在不同的地方，甚至不同的家庭和不同的个人之间，是可变的（收入对可行能力的影响是随境况而异的、条件性的）。

在考量和评价旨在减少不平等和贫穷的公共措施时，上述第三点尤其重要。

可行能力视角对贫困分析所做的贡献是，通过把注意力从手段（而且是经常受到排他性注意的一种特定手段，即收入），转向人们有理由追求的目的，并相应地转向可以使这些目的得以实现的自由，加强了对贫困和剥夺的性质及原因的理解。能够从更加基础的层面上和更接近社会正义所要求的信息的层面上看待剥夺问题。这就是可行能力贫困视角的重要意义。

2.2.1 收入与可行能力关系的条件性变异原因

造成收入与可行能力关系的条件性变异的诸多原因，在此，从实际政策制定的特定角度，强调其中的若干论点是有必要的。

第一，收入和可行能力的关系受到以下因素的强烈影响：人的年龄（例如老人及年幼者的特定需要），性别和社会角色（例如母亲的特定责任或约定俗成的家庭义务），所处地域（如易受水旱灾害的程度，一些大都市内的不安全和暴力的状况），流行病滋生的环境（如因为某地区存在地方流行病），以及个人无法或只能有限地控制的其他各种因素。在对比根据年龄、性别、居住地区等因素分组的不同人群的情况时，这些参数性变异格外重要。

第二，在收入剥夺与将收入转化为功能性活动的困难这二者之间，存在某种配对（Coupling）效应。可行能力方面的缺陷，诸如年老，或残疾，或生病，会降低获取收入的能力。但这些因素同时也使将收入转化为可行能力更加困难，因为年龄较大，或残疾程度更严重，或病况更严重的人，会需要更多的收入（以便得到照料、校正残疾、接受治疗）才能实现和别人相同的功能性活动（这还要看相同的功能性活动是不是真有可能实现），这就决定了，就可行能力剥夺而言的“真实贫困”，在显著程度上可能比在收入空间表现出来的贫困更加严重。在评估旨在帮助那些收入低且具有“转化”困难的老人和其他人的公共行动时，极其重要的是，不仅要考虑到收入低下，还需考虑到将收入转化为可行能力的困难。

第三，家庭内部的分配，使根据收入去研究贫困变得更加复杂。如果家庭收入不成比例地用于一些家庭成员的利益，而忽略另一些成员的利益（例如，在家庭资源的分配上一贯地偏重男孩），则被忽略成员的被剥夺程度（此例中的女孩），也许就不能用家庭收入恰当地表现出来。在很多情况下这是一个重大的问题；性别歧视在亚洲和北非很多国家看来确实是家庭内部分配的一个重要特征，考察可行能力剥夺，比用家庭收入分析更易于揭示女孩的被剥夺状况。

第四，对收入而言的相对剥夺，会产生对可行能力而言的绝对剥夺。在富裕国家的相对贫困的人，即使其绝对收入按世界标准是高的，也会在可行能力上处于非常不利的状态，在普遍富裕的国家，要花更多的收入购买足够的商品以实现同样的社会功能性活动。这一思想最先由亚当·斯密在《国富论》（1776 年）中提出，这对于从社会学角度理解贫困至关重要，朗西曼（W. G. Runciman）、汤森（Peter Townsend）和其他人都对此作过研究。例如，某些群体的人们在参与社群生活上遇到的困难，对于任何有关“社会排斥”的研究，都可能是至关重要的。在现代装备如电视、录像带、录音机、汽车等等已经差不多普及了的国家，参与社群生活的需要会导致对这些装备的需求（在不那么富裕的国家中则没有这种需求），这给富裕国家中相对贫困的人带来压力，即使他们的收入与不那么富裕的国家的人相比要高出很多。确实，在富裕国家仍存在饥饿这个令人不可理解的现象，就与对上述物品的竞争性需求有关。

2.2.2 收入贫困与可行能力贫困

尽管在概念上把贫困作为可行能力不足与把贫困作为收入低下相区分是重要的，这两种视角必定相互联系，因为收入对于可行能力是如此重要的手段。而且，既然提高享受生活的可行能力一般也会扩展使人具有更高生产力并挣得更高收入的能力，则可以预期存在从可行能力的提高到更大的赚取收入的能力这样一种联系，而仅是从收入到可行能力的单向联系。可行能力与收入的这种联系对消除收入贫困可以是特别重要的。更好的教育和医疗保健不仅能直接改善生活质量，同时也能提高获取收入并摆脱收入贫困的能力。教育和医疗保健越普及，则越有可能使那些本来会是穷人的人得到更好的机会去克服贫困。

虽然收入贫困与可行能力贫困之间的联系值得重视，同样重要的是，还要看到一个基本事实，即仅仅减少收入贫困绝不可能是反贫困政策的终极动机。存在这样一种危险，即按照收入剥夺的狭隘观点来看待贫困，然后以教育、医疗保健等等是减少贫困的良好工具为理由，来说明在这些领域投资的正当性。这种观点混淆了目的和手段。根据上面已经讨论过的理由，根本的问题要求社会按照人们能够实际享有的生活和他们实实在在拥有的自由来理解贫困和剥夺。发展人的可行能力直接顺应这些基本要求。诚然，提高人的可行能力一般也会扩展人的生产力和挣钱能力。这种关联提供了一种重要的间接联系，通过它，可行能力的改善既能以直接的又能以间接的方式帮助丰富人的生活，使剥夺情况减少、剥夺程度减轻。但是这种工具性联系尽管重要，却不能取代对贫穷的性质和特点的基本理解的需要。

2.2.3　不平等的多重含义

经济社会评价中如何处理不平等，涉及很多两难问题。明显的不平等，按照关于“公平”的各种模型，是难以辩护的。亚当·斯密对穷人利益的关切（以及他对忽略穷人利益倾向的愤怒），自然地与他所运用的一个想象出来的工具有关，从一个“不偏不倚的旁观者”的角度来看，事物什么样的。他对此所做的研究对于社会评价中所要求的公平概念的条件，提出了意义深远的洞见．同样，罗尔斯的“以公平看待正义”的思想在一个假设的、人们还不知道他们未来处境的“初始状态”下，可以预期人们会作出何种选择，提供了对公平要求的丰富理解，并决定了作为他的“正义原则”的特色的、反对不平等的那些特征。各种社会安排中明显的不平等，也很难按照对这个社会中的实际成员而言的合理性这一标准来辩护（例如，以这些不平等属于其他人“不能合理地拒绝”那一类型为理由而加以辩护：“不能合理地拒绝”这个标准是斯坎龙（Thomas Scanlon）为伦理评价而提出并非常有力地运用的）。当然，严重的不平等必然不受社会欢迎，而极端的不平等，某些人会认为，简直就是野蛮状态。不仅如此，不平等的感觉还可能侵蚀社会的凝聚力，某些类型的不平等甚至还会阻碍实现效率。

虽然如此，在很多情况下，根除不平等的努力可能会导致多数人、有时甚至是所有人的损失。这种冲突随具体境况不同，可轻可重。各种关于正义的模型，涉及“不偏不倚的旁观者”，或“初始状态”，或“不能合理地拒绝”，都必须有多种考虑因素。毫不奇怪，总量性因素和分配性因素之间的冲突，引起了相当一部分经济学家的专业性关注。这种关注是恰如其分的，因为问题很重要。很多用于评价社会成就的、同时考虑到总量性因素和分配性因素的折中公式已经被提出。一个很好的例子是阿特金森（A. B. Atkinson）的“平均分配的等价性收入”概念，即以下述方式调整总收入：根据收入分配不平等的程度来减少总收入的账面价值，其中总量性因素和分配性因素的补偿关系由反映人们的伦理判断的一个参数来决定。但是，存在一种不同类型的冲突，它关系到对“空间”，或者说，为评价和审视不平等所采用的焦点变量的选择。就收入而言的不平等，有时会与在若干其他“空间”上表现出来的（即就其他有关变量而言的）不平等，包括诸如福利、自由及生活质量的不同层面（包括健康与长寿）有明显的区别。而且，甚至对总体性成就的测度，也会随在哪一个空间进行汇总计算，或者“加总”而结果不同（例如，根据平均收入给出的各个社会排序，会不同于根据平均健康条件的排序）。

收入和可行能力这两种不同视角的对比，直接影响在哪一空间来考察不平等与效率。一个比其他多数人更富裕但患有一种治疗费用昂贵的疾病的人，虽然在通常的收入分配统计上不被列为贫穷，但显然遭受了一种重要的剥夺。一个求职被拒，但从国家得到“失业津贴”的人，在收入空间上受剥夺的程度就显得很低，比就拥有一个价值的，而且受到珍视的职业机会而言的受剥夺程度要低。由失业问题在世界上的一些地方（包括当前的欧洲）是特别重要的问题，因此这是在评价不平等时强烈需要掌握收入与可行能力视角对比的另外一个领域。

2.2.4 可行能力与效率、平等和自由

经济学家有时被批评为太注重效率而太忽略平等。这可能不无道理，但也必须注意到在经济学这门学科发展的历史中，不平等问题一直受到经济学家的注意。被称为“现代经济学之父”的亚当·斯密曾深切关注贫富之间的鸿沟。一些社会科学家和哲学家的工作，使不平等成为如此受公众注意的中心问题（例如，卡尔·马克思、约翰·斯图亚特，穆勒、朗特里（B. S. Rowntree）和

多尔顿（Hugh Dalton），分别属于大相径庭的各种重要传统流派）。就他们在这个领域的实质性投入而言，他们是献身于此的经济学家，不管他们是否还做了其他工作。近年来，关于不平等的经济学作为一个课题有很大发展，在这方面，发挥了主导领先作用的是如阿特金森（A. B. Atkinson）这样的学者。这并不否认，在一些经济学研究中，显然存在只重视效率、忽略其他因素的现象，但是不能指责经济学家作为一个群体，忽略了对不平等这一课题的研究。

在很多经济学研究中，对不平等所赋予的相对重要性，只局限于非常狭窄的领域，即收入不平等。这种狭隘性使我们不能从其他角度去看待不平等和公平，这对制定经济政策具有深远影响。确实，由于过分强调收入贫困和收入不平等，而忽略了与贫困有关的其他因素，如失业、缺医少药、缺乏教育以及受社会排斥等，已使政策辩论受到扭曲。不幸的是，把经济不平等等同于收入不平等，是经济学中相当常见的现象，而且这二者常常被当作实际上的同义词。在某种程度上，在哲学文献中也会发现这种隐含的经济不平等与收入不平等的等同。例如，著名的哲学家法兰克福（Harry Frankfurt）在《作为道德理想的平等》一文中，对他称作的“经济平均主义”的思想，做了论证严密而有力的批评，而他对“经济平均主义”的定义是：“在货币分配上不应存在不平等的信条。”然而，收入不平等和经济不平等的区别是很重要的。对作为一种价值和目标的经济平均主义所做的许多批评，更直接地适用于狭义的收入不平等的概念，而非更广义的经济不平等概念。例如，对一个比方说由于残疾，有更多需要的人给予一个较大份额的收入，可以认为是违反了收入平等的原则，但是它不违反含义更广泛的经济平等的原则，因为在评价经济平等的要求时，必须把由于残疾而需要更多的经济资源考虑在内。

从实证分析看，收入不平等与其他有关空间内的不平等的关系，可以是相当远并随情况而变的，因为收入以外的多种经济因素，会影响就个人处境和实质自由而言的不平等。例如，非洲裔美国人的死亡率高于相比之下贫穷得多的印度克拉拉邦人，在这里看到了和收入不平等不一致的因素在起作用，它们涉及有强烈经济内容的政策问题：筹集医疗保健和保险的资金、提供公共教育、维护地方安全等。事实上，死亡率的差别可以作为表明种族、阶级和性别之间深刻不平等的一个指标。例如，对“失踪妇女”所做的估计，表明了在当代世界很多地方，女性的劣势处境的范围是多么引人注目，这是其他统计数字或许不能恰当反映的。同样，由于一些家庭成员所挣收入为家庭其他成员所共享，无法主要依据收入的差异来分析性别不平等。需要比通常可以得到的更多的关于家庭内部资源分配的信息，才能得出关于经济丰裕情况下不平等的更清晰概念。但是，关于死亡率和其他剥夺状况（如营养不良和文盲）的统计数，则可以在若干至关重要的层面，直接描绘不平等和剥夺的图景。也可以用这些信息把妇女被剥夺的相对程度，和现存的机会不平等（从家庭外部挣得的收入、注册上学等）联系起来。这样，就可以从就可行能力剥夺而言的、对不平等和贫困的更宽广的视角，讨论描述性的和政策性的议题。

尽管收入对不同人所享有的处境发挥着至关重要的作用，然而以收入（和其他资源）为一方，以个人成就和自由为另一方，这二者之间的关系，既不是一成不变，也不是在任何意义上是自动的和不可抗拒的。各种类型的条件依存关系，使从收入到所能实现的不同的“功能性活动”的“转化”，出现系统性差异，而这又影响了人们所能享有的生活方式。存在各种方式使挣得的收入和实质自由（就享受人们有理由珍视的那种生活的可行能力而言）之间的关系，产生系统性的差异。个人的异质性、环境的多样性、社会氛围的不同、家庭内部的人际关系视角和分配上的区别，这些因素各自的作用，在制定公共政策时，都应得到它们理应得到的认真注意。

人们有时候提出这样的观点：收入是一种同质性的度量，而可行能力却是多样化的。从以下意义来看，这种尖锐对比并不完全正确：任何基于收入所作的评价，都因特定的而且常常是极其大胆的假定而掩盖了内部的多样性。此外，人与人之间的实际收入比较，不能提供进行人与人之间的哪怕是关于效用比较的基础（不过，在应用福利经济学中，通过强加完全任意的假定，该漏洞常常被忽略了）。为了从手段（以收入差别的形式表现出来）的比较，进入到某些可以宣称为自身就具有价值的东西（如福利和自由）的比较，必须考虑那些影响转化率的情况差异。收入比较的方法是判断人与人之间处境差别的更加“实用的”方法这一假定，是很难令人信服的。

再进一步，需要讨论从公共优先事务而言对多样化的可行能力的赋值，如前面所说，是可行能力方法的一个优点。这种需要迫使人们弄清楚，在价值判断不能也不应该回避的领域内，该价值判断究竟是什么。确实，公众直接地或间接地参与赋值的辩论，是民主运作和负责的社会选择中至关重要的组成部分。就公共评价而言，无可回避的是需要通过公众讨论来作出赋值。公共赋值的工作是不能由什么精巧聪明的假定来取代的。有些看起来运作很好的假定，是通过精心制作的暗箱来掩盖它在价值标准和权重上的选择的。例如，以下通常是暗含地作出的假定，即对于具有相同的需求函数的两个人，一定的商品组合与福利状况之间的关系必然也是相同的（不管是否其中一人患病而另一人健康，或者一人残疾而另一人健全，等等），基本上是一种回避考察福利状况的很多显著影响因素的方式。当用其他信息（包括涉及生命与死亡的大事），来补充关于收入和商品的资料时，这种回避就变得一目了然了。

2.3　精准扶贫政策对社会公平的评价指标

测量收入分配差距的指标很多，例如极差法、方差和变差系数法、对数标准差法、基尼系数和相对平均差法、泰尔的熵测度方法、阿特金森的测度方法、加性可分性定理，其中基尼系数敏感度更高，因此本书将应用基尼系数法来研究公平问题。同时，也对测度社会公平的其他方法进行介绍，讨论相关文献中提到的测量不平等的各种方法。这些测试方法可以分为两类。第一类是实证测度，它没有明显地使用社会福利的任何概念。第二类是规范测度，它基于社会福利与由不平等分配引起的福利损失之间的一个明确数学关系。虽然这两种测度方法之间的区别并不是十分严格，但很明显，二者还是有一定差异的。

2.3.1 基尼系数

本研究调查内蒙古自治区居民家庭收入和消费情况，并计算基尼系数，将精准扶贫前后的基尼系数进行对比，测算出精准扶贫政策对缩小居民收入分配差距方面的作用。根据统计资料的易获取性，一般研究者很少有条件获得第一手关于居民收入情况的资料，通常情况下都是利用公开出版的统计年鉴数据来计算。鉴于此，基尼系数较实用的计算方法是采用由三角形面积法推导出的公式，它是根据统计年鉴中城镇和农村分组资料描绘洛伦兹曲线，按几何图形分块求洛伦兹曲线与绝对平等线之间的面积，然后分别求出城镇和农村的基尼系数。三角形面积法是把全部人口（或家庭）按收入从小到大顺序排列，并分为 n 组（不需要按人口比重等分）。设第 i 组的人口占总人口的比重为 P_i，收入占总收入的比重为

$$I_i(i = 1,2,\cdots,n) \tag{2-1}$$

又记

$$M_i = P_1 + \cdots + P_i \tag{2-2}$$

M_i 是第 1 组至第 i 组人口累积的比重，

$$Q_i = I_1 + \cdots + I_i \tag{2-3}$$

式（2-3）是 Q_i 第 1 组至第 i 组收入的累积比重。

计算基尼系数的公式为：

$$G = \sum_{i=1}^{n-1} (M_i Q_{i+1} - M_{i+1} Q_i) \tag{2-4}$$

由农村和城镇基尼系数推算内蒙古自治区全体居民的基尼系数，可以用适用于不重叠人群（富人和穷人）分组的 Sun Drum 基尼系数分解法，其计算公式如下：

$$G = P_1^2 \frac{u_1}{u} G_1 + P_2^2 \frac{u_2}{u} G_2 + P_1 P_2 \left| \frac{u_1 - u_2}{u} \right| \tag{2-5}$$

其中，G 表示全体基尼系数，G_1、G_2 分别表示城镇和农村的基尼系数，P_1、

P_2 分别表示城镇人口和农村人口占总人口的比重，u_1 、u_2 、u 分别表示城镇、农村和总人口的人均收入。这种方法计算过程非常简单，只需将相应的数据代入公式即可算出全体居民的基尼系数。

2.3.2　极差

假设在 n 个个体之间进行收入分配，$i = 1, 2, \cdots, n$，令 y_i 为个体 i 的收入。设收入的平均值为 μ，即

$$\sum_{i=1}^{n} y_i = n\mu \tag{2-6}$$

设个体 i 收入占总收入的比例为 x_i，则有

$$y_i = n\mu x_i \tag{2-7}$$

或许最简单的测度就是基于收入极值（即最大值与最小值比较）的方法。极差可定义为收入极值之差与平均收入的比值。由此，给出极差的 E 计算公式：

$$E = (Max_i y_i - Min_i y_i)/\mu \tag{2-8}$$

如果收入是绝对公平分配的，那么很明显，极差 $E = 0$。一种极端情况是某一个人占有全部收入，此时 $E = n$。E 值处于 0—n 之间。

2.3.3　相对平均差

考察整体分配特征而不是简单地比较两个极值的测度方法是：比较每个人的收入水平与平均值的差异，将全部差值的绝对值加总，再把这个总和与总收入相除。这就是相对平均差 M ：

$$M = \frac{\sum_{i=1}^{n} |\mu - y_i|}{n\mu} \tag{2-9}$$

绝对平均分配时 $M = 0$，如果全部收入归一人所得，$M = 2(n-1)/n$，与 E 不同，M 表征了分配形式的全部特征。

2.3.4 方差和变差系数

如果不是将离差的绝对值简单地相加，而是将它们平方以后再相加，则结果将更凸显对于平均值的离散程度。方差就是其中一个常用的统计量，其计算公式为：

$$V = \sum_{i=1}^{n} (\mu - y_i)^2/n \tag{2-10}$$

经过平方之后，在保持其他条件不变的情况下，任何从穷人到富人的转移都将增加方差，这对不平等的测度是一个很吸引人的性质。实际上早在 1920 年，休多尔顿就已经提到，任何对不平等程度的测度都必须有这样的基本性质。由于多尔顿是在庇古之后在引文中提出这种性质的，因此这种性质称为庇古—多尔顿条件。

然而，方差依赖于平均收入水平。甲分配方案的相对变差可能大于乙方案，但如果甲方案的平均收入水平低于乙方案，则其方差有可能小于乙方案的方差。可避免这种缺陷且重点关注相对变差的测度方法是计算变差系数，它是方差的平方根与平均收入水平的简单相除：

$$C = V^{1/2}/\mu \tag{2-11}$$

变差系数在任意收入水平上的收入转移都有很强的敏感性，并且与方差不同的是，它与平均收入水平无关。因此，将每个人的收入值与平均收入值的差值进行平方就是一个很特别的步骤。显而易见，C 有着这样的特性：它对任意收入水平的收入转移都赋予同样的权重，也就是说从收入为 y 的人向收入为 $(y-d)$ 的人很小的转移的影响都是相同的，无论 y 有多大。可能有人会提出，如果收入转移发生在较低的收入水平上，影响可能会更大一些，也就是说，如果从有 1000 英镑收入的人向有 900 英镑收入的人进行收入转移，将比从有 1000 英镑收入的人向 1000 英榜收入的人进行相同的收入转移的影响更大。然而到目前为止，对不平等的直观看法还是相对模糊的，根据大众所广泛接受的不平等观念来检验这些方法并不容易，但是问题依然存在；为什么使用这种平方的程序而不是采用同样可对由富向穷的转移保持敏感（符合庇古一多尔顿条件）的其他测度方法呢？关于方法论，还有一个问题：究竟是比较每个收入水平与平均值的差值更好，还是比较每两个人的收入水平更好呢？后者将反映每一个人的收入与其他人的差值，而不是简单地与平均值的差异。

2.3.5　对数标准差

如果有人更为关注较低收入水平的收入转移，一种可行的办法就是采取某种收入变换形式，使之错开收入水平，而对数形式就是其中一种。与真实值的方差或标准差相比，对数形式的另一种好处是它消除了测度单位和绝对值的随意性。当单位变化时，实际上是绝对值乘上了某一数值，而取对数时，这个乘数就变成了一项常数加数而且不必计算每两个数之差。因此，对数标准差经常作为不平等的测度方法就不奇怪了。离差在标准的统计学文献中一般采用几何平均数而不是算术平均数，但在关于收入分配的文献中，使用算术平均数看来更多一些。

$$H = \left[\sum_{i=1}^{n} (\log\mu - \log y_i)^2 / n \right]^{1/2} \tag{2-12}$$

对数变换错开了收入水平，如此就减轻了人们对测度不平等的方法的批判：因为它减少了标准差。但是从另一方面来说，它有这样的性质即突出了低收入范围的差异。然而，随着收入水平越来越高，对数形式的收入越来越收缩，从而使 H 在任何高收入水平上都不是凹性的，如果有人希望社会福利是个体收入的凹函数，那 H 作为福利的测度就有一些缺陷，尽管有另外一些有用的特点。

此外，即使经过了对数变换，H 还是依赖于一个随意的平方公式，与 V 和 C 一样，也有仅依据平均值考察收入差异的局限性。

2.3.6 泰尔的熵测度方法

泰尔（Theil）提出了测度不平等的一个方法，即从信息论中借鉴过来的熵（Entropy）的理念。设 x 为某个事件发生的概率，则反映该事件实际发生的负平均信息量的 $h(x)$ 就是 x 的减函数，即当该事件越不可能发生的时候，就越能知道该事件确实已经发生了。

具有这一性质及其他性质的等式是：x 的倒数的对数，即

$$h(x) = \log\frac{1}{x} \tag{2-13}$$

若有 n 件可能事件 $1,2,\cdots,n$，发生的概率分别是 $x_1,x_2,\cdots,x_n$，则有 $x_i \geqslant 0$ 且 $\sum_{i=1}^{n} x_i = 1$。这种情况下的熵或曰负平均信息量的期望值就是由每一事件以其概率加权后的平均信息量的总和、见下面的公式；

$$\begin{aligned} H(x) &= \sum_{i=1}^{n} x_i h(x_i) \\ &= \sum_{i=1}^{n} x_i \log\left(\frac{1}{x_i}\right) \end{aligned} \tag{2-14}$$

显然，当第 n 个事件的概率 x_i，越接近于 $1/n$，熵的值越大。虽然熵在热力学中是用来测量无序程度的，但如果将 x_i 释义为个体 i 的收入份额，那么 $H(x)$ 也能够测度不平等，当每一个 x_i 等于 $1/n$ 时，$H(x)$ 达到最大值，为 $\log n$。如果从收入分配的最大值 $\log n$ 减去其熵值 $H(x)$，就能得到不平等指数，这便是泰尔的测度方法：

$$\begin{aligned} T &= \log n - H(x) \\ &= \sum_{i=1}^{n} x_i \log n x_i \end{aligned} \tag{2-15}$$

如果考虑到在热力学中熵与能量的消亡联系在一起，那么认识到熵是一件好东西就可能要花上一些时间，但显然，泰尔具有独创性的测度方法确实值得赞许。从富人向穷人的收入转移将降低 T 值，也就是说，它满足庇古一多尔顿

条件，并且它能够以简单的方法对集合进行加总。但这一公式有一定随意性，并且收入份额加权后的收入倒数的对数平均值并不具有充分的直观感。但是，从自然科学中借鉴的熵的概念为不平等的测度提供了一个不容忽视的方法，尽管有很大的随意性。

2.3.7　多尔顿的测度方法

现在该从实证测度转向规范测度。在经典的分配理论中，多尔顿（1920）提出，任何对经济不平等的测度都必须与经济福利相关联。他所用的测度方法直接来自功利主义的框架，并把效用总和的实际水平与收入均等分配后的总效用水平进行比较作为测度方法的基础。他采用的是一个严格凹函数，即收入的边际效用是递减的，并且假设每个人的效用函数都相同，这样，要使总效用最大化就必须均等分配收入。他将社会福利实际值与最大可能值的比率作为不平等的度量值，其中所有效用值都是正值，具体形式如下：

$$D = \left[\sum_{i=1}^{n} U(y_i) \right] \Big/ nU(\mu) \tag{2-16}$$

2.3.8　阿特金森的测度方法

阿特金森首先定义了一个总收入的特定分配形式，他将其称为“平等分配的等价收入”。所谓“平等分配的等价收入”是指一个人均收入水平，当每个人的收入都等于这一收入水平时，福利总值将刚好等于实际收入分配所产生的福利总值。”令 y_e 为“平等分配的等价收入”，则有

$$y_e = y \mid \left[nU(y) = \sum_{i=1}^{n} U(y_i) \right] \tag{2-17}$$

所有人的实际福利水平的总和等于每个人的收入水平均为 y_e 时的福利总和，由于每一个效用函数 $U(y)$ 都是凹性的，也就是说边际效用非递增，所以 y_e 不可能大于平均收入 μ。进而，还可以看出，分配越平等，y_e 越接近于 μ。阿

特金森的不平等测度公式为：

$$A = 1 - (y_e/\mu) \tag{2-18}$$

显然，当收入完全均等分配时 y_e 等于 μ，这时阿特金森测度值 A 为 0，对任意分配状况，A 的值都介于 0 与 1 之间。

2.4 精准扶贫政策对经济效率的评价指标

由于前序章节已经对效率的定义及其改进的标准进行了较为详尽的分析，故此处只介绍本研究采用的测度效率的方式。

测度微观层面的效率水平，基于前序章节的分析和帕累托准则的要求，应建立在个人或家庭效用水平提升的基础上。由于数据采集和具体测算方面均难以实现，本研究并未构建精准脱贫政策下的个人效用函数。而是基于罗默的内生增长理论，将人均产出增长率视为衡量社会经济效率的指标。

本研究通过调查收集内蒙古自治区的报告期与基期的经济总值，计算人均产出增长率以度量社会经济效率，进一步分析探究在内蒙古自治区实施精准扶贫政策对社会经济效率的影响程度。

2.5 精准扶贫政策对个人经济自由的评价指标

在本研究的第 1 章中已经对个人经济自由的几个方面进行了详细的分析，可行能力的自由主要体现在：（1）由于残疾、疾病、年龄或性别等异质性因素，导致人们在身体特征方面需要的自由。（2）环境多样性即环境条件的变化，如气候条件（温度范围、降雨量、洪水等）的影响下，个人自由的要求。

(3) 社会气候的变化：个人收入和资源转化为自由的能力还受到社会条件的影响，包括公共保健和流行病学、公共教育安排以及特定地点犯罪和暴力的发生率或有无。除了公共设施，社区关系的性质也非常重要。(4) 关系视角的差异：已建立了行为模式的商品需求可能因社区的习俗而不同。例如，一个相对贫穷的人在一个富裕的社区可能会阻止其实现一些基本功能（如参加社区的生活)，虽然这个相对贫困的人的收入，按绝对值计算，可能远高于贫困社区的成员。(5) 家庭内部分配：家庭中一个或多个成员的收入由所有人共享，包括非收入者和收入者。因此，从使用收入的角度来看，家庭是考虑收入的基本单位。家庭中个人的福利或自由将取决于如何利用家庭收入促进家庭不同成员的利益和目标。因此，家庭内部收入分配是将个人成就和机会与家庭整体收入水平联系起来的关键参数变量。家庭内部所遵循的分配规则（例如与性别、年龄或感知需要有关的规则）会对个体成员的成就和预测因素产生重大影响。总体来说，阿马蒂亚·森将一个人的可行能力定义为一个人所能达到的一组功能向量，取决于他对货物（权利）的指挥和可利用的一套利用职能。在购买或取得控制权的货物以及如何利用这些货物方面，个人通常有一些选择。他可以实现行使这些选择的不同功能的总和代表了人的能力集，“幸福自由”是人所拥有的优势（Sen，1985；1987）。

阿马蒂亚·森（2012）在《以自由看待发展》中提出，“人的工具性自由主要包括经济条件、社会机会、透明性保证和防护性保障”，其中“经济条件，指的是个人享有的将其经济资源运用于消费、生产或交换的机会”。

结合上述两方面的定义，社会机会、透明性保证和防护性保障都可以用经济条件的改善来体现。且通过度量个人能够购买或取得控制权的物品数量，能够体现一个人的可行能力自由的大小。所以本研究选取个人可支配收入与 CPI 的比值变化情况来衡量精准扶贫政策对个人经济自由度的影响。

第3章

精准扶贫政策社会福利效果测度
——以内蒙古自治区为例

本章的研究主要依据第1章的理论机理和第2章中所给出的社会福利的评价指标体系及公平、效率和自由的测算方法，运用统计数据和指标考察内蒙古自治区主要地区精准扶贫政策的实施现状。利用内蒙古自治区2010—2020年的相关经济数据，依据基尼系数、GDP和个人可支配收入与CPI比值的变动情况，分别测度出内蒙古自治区的精准扶贫政策和乡村振兴战略在缩小收入分配差距、促进经济增长和提升贫困人口个人经济自由度三方面的贡献。

3.1　内蒙古自治区 2010—2020 年各主要经济指标变化情况概览

2010—2020 年，内蒙古自治区在打赢了全区脱贫攻坚战的基础上，从精准扶贫有效过渡、衔接至乡村振兴战略部署。2010—2020 年，全区在经济、居民消费支出（食品、医疗和教育）和卫生等主要民生指标方面有了翻天覆地的变化。本研究基于 2010—2020 年的《内蒙古统计年鉴》《内蒙古调查年鉴》和《内蒙古自治区国民经济和社会发展统计公报》等，整理了内蒙古自治区在此期间的人均产出增长率、基尼系数、居民个人经济自由度、可支配收入、物价指数、消费水平（食品、医疗和教育）、医疗卫生、教育等指标的变化情况，从整体数据层面上反映出内蒙古自治区 2010—2020 年的精准扶贫政策的社会福利效果。

3.1.1　内蒙古自治区 2010—2020 年人均产出增长率和消费增长率变动趋势分析

由表 3－1 和图 3－1 可看出，内蒙古自治区在未实施精准扶贫的 2010—2014 年，人均产出增长率由 13.5% 下降至 8.1%，降低 5.4 个百分点，且每年都有明显的下降趋势，年平均下降率为 1.35%。自 2015 年开始实施精准扶贫政策后，至新冠肺炎疫情尚未暴发的 2019 年，人均产出增长率仅下降 2.5 个百分点，年均下降率降至 0.625%，充分说明精准扶贫政策实施后，在没有疫情影响的情况下，经济增长率的下降速度明显放缓。

在未实精准扶贫政策期间，食品、医疗和教育方面的消费增长率由 2010 年的 11.1% 下降至 2014 年的 8.7%，且逐年均有下降趋势。2015 年实施乡村振兴战略后，2016 年食品、医疗和教育的消费增长率增加了 0.9 个百分点后，从 2017 年至 2020 年，这三方面的消费增长率出现了更大趋势的下降。精准扶贫政策给予了百姓更多民生方面的保障和资金支持，使消费支出已经不需要更多的集中于类似食品、医疗和教育的基础支出，充分说明了精准扶贫政策实施后，全区居民的民生福祉有了较为明显的改善。

表 3-1　内蒙古自治区 2010—2020 年经济增长率、消费增长和医疗消费情况

单位：%

年份	人均产出增长率	消费增长率
2010	13.5	11.1
2011	13.3	14.3
2012	10.9	11.6
2013	9	9.9
2014	8.1	8.7
2015	8	4.6
2016	7.3	5.5
2017	4.2	4.3
2018	5.5	1.8
2019	5.5	2.4
2020	0.5	1.9

数据来源：2011—2021 年《内蒙古自治区国民经济和社会发展统计公报》《内蒙古统计年鉴》《内蒙古调查年鉴》。

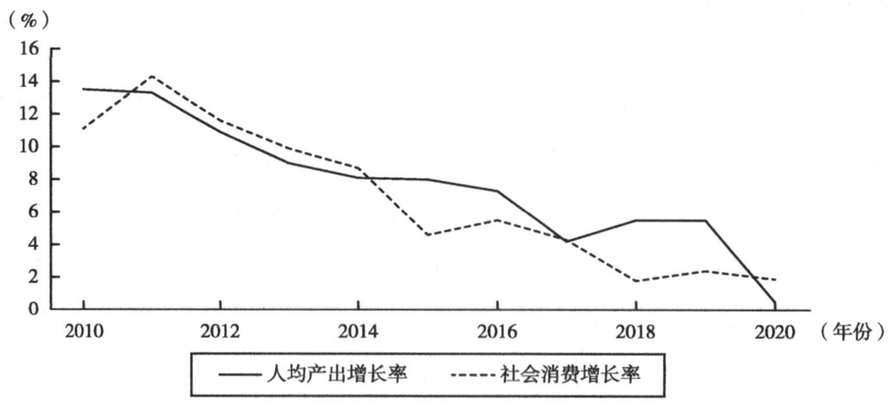

图 3-1　2010—2020 年内蒙古自治区经济增长率与社会消费增长率趋势

数据来源：2011—2021 年《内蒙古统计年鉴》。

3.1.2　内蒙古自治区 2010—2020 年医疗卫生情况变动趋势分析

健康是人类的一项基本需要。健康也是重要的人类“可行能力”以及“一种非常基本的自由”。因此，提升居民获取基本医疗卫生服务的能力，是解决贫困问题的重中之重。内蒙古自治区自 2015 年实施精准扶贫政策以来，为保障百姓能够均等、便捷的获取更加丰富的医疗资源，在卫生机构建设的投入和卫生技术人员的引进培养上，进行了较大的投入，取得了比较明显的成效。

由表 3－2 中数据变化情况可以看出，内蒙古自治区在 2010—2011 年重视并加大了对卫生机构建设的投入，卫生机构数量增幅 3 倍，但在未实施乡村振兴的 2011—2014 年，增加 581 所。实施精准扶贫后，由于内蒙古自治区政府对健康扶贫政策的重视，在 2015—2016 年，卫生机构数量进一步增加了 728 所，相较于 2011—2014 年，有了更大幅度的增长。在 2010—2014 年，卫生技术人员从 14.5 万人增长至 15.4 万人，仅增加 0.9 万人。实施乡村振兴战略后，由 2015 年的 16.2 万人增长至 2020 年的 20.2 万人，增加了 4 万人，相较于乡村振兴之前，增幅有了显著提升。

表 3－2　内蒙古自治区 2010—2020 年经济增长率、消费增长和医疗消费情况

年份	医疗消费情况	
	卫生机构数量（所）	卫生技术人员（万人）
2010	7792	14.5
2011	22845	13.17
2012	23055	14
2013	23264	14.91
2014	23426	15.4
2015	23886	16.2
2016	24001	16.9
2017	24217	18

续表

年份	医疗消费情况	
	卫生机构数量（所）	卫生技术人员（万人）
2018	24613	18.8
2019	24564	19.6
2020	24614	20.2

数据来源：2011—2021 年《内蒙古自治区国民经济和社会发展统计公报》《内蒙古统计年鉴》《内蒙古调查年鉴》。

3.1.3 内蒙古自治区 2010—2020 年教育情况变动趋势分析

教育扶贫是瞄准落后农村地区，通过支持教育事业以提升贫困地区人口的文化素质和劳动技能，是精准扶贫的重要组成部分，也是后续乡村振兴战略中防返贫工作的重点。2015 年 12 月，《中共中央 国务院关于打赢脱贫攻坚战的决定》强调“着力加强教育脱贫”，加快建设农村学校、完善资助体系、加强教师队伍等教育扶贫工程。内蒙古自治区自 2015 年实施乡村振兴战略以来，加大对全区各级教育事业的投入补贴力度，扩大中小学和高等教育招生规模，为全面提升自治区人力资源水平奠定了良好的基础。

由表 3-3 可知，2010—2014 年，全区高等教育招生和在校人数分别上升 0.65 万人和 3.46 万人，2015—2020 年分别上升 2.4 万人和 6.6 万人。2010—2014 年，全区研究生招生和在校人数分别上升 0.08 万人和 0.33 万人，2015—2020 年分别上升 0.43 万人和 0.70 万人。2010—2020 年小学和中学的招生和在校人数，受国家人口政策影响，有小幅回落。但由表中数据可以发现，高等教育和研究生教育在 2012—2020 年有明显的增幅，说明了内蒙古自治区对教育的投入取得了较为显著的成效，高等教育水平有了明显的提升。在本地中小学生人数减少的情况下，高等教育人数的提升表明内蒙古自治区高等教育水平已能够大规模吸引省外学生前来就读。内蒙古自治区的教育水平已具备为内蒙古自治区经济建设培养高水平人才的实力，加快实现共同富裕的步伐。

表 3－3 内蒙古自治区 2010—2020 年教育状况 单位：万人

年份	高等教育		研究生		普通高中		普通初中		小学	
	招生	在校	招生	在校	招生	在校	招生	在校	招生	在校
2010	11.65	37.14	0.52	1.40	16.64	49.93	27.04	81.47	22.18	143.1
2011	11.52	38.44	0.55	1.53	16.97	49.35	25.66	79.14	26.64	140.5
2012	11.09	39.14	0.57	1.62	17.17	50.03	24.25	74.63	23.35	136.5
2013	11.93	39.92	0.59	1.69	16.42	49.42	22.76	68.85	23.07	131.1
2014	12.30	40.60	0.60	1.73	15.50	48.40	22.00	66.97	22.50	129.7
2015	12.80	42.10	0.62	1.80	14.80	46.30	20.10	63.96	22.37	131.4
2016	13.30	43.70	0.64	1.90	14.70	44.90	19.73	61.24	22.80	133.8
2017	13.60	44.80	0.72	2.00	14.40	43.60	22.50	61.90	21.60	132.5
2018	13.60	45.50	0.84	2.10	13.30	42.10	21.66	63.70	23.57	134.2
2019	14.80	47.20	0.95	2.20	13.00	40.60	22.27	66.30	24.57	136.3
2020	15.20	48.70	1.05	2.50	14.30	40.60	22.00	66.20	24.00	138.2

数据来源：2011—2021 年《内蒙古自治区国民经济和社会发展统计公报》《内蒙古统计年鉴》《内蒙古调查年鉴》。

3.1.4 内蒙古自治区 2010—2020 年基尼系数变动趋势分析

基尼系数反映的是一个地区收入分配公平程度的一个指标，主要用来体现社会的公平正义的程度。精准扶贫政策的一个重要目标就是调节收入分配差距，加快实现我国共同富裕的伟大目标。因此，基尼系数的变化情况，很大程度上能说明内蒙古自治区精准扶贫政策对社会收入分配的调节情况。

根据第 2 章所述计算基尼系数的方法，本书选取内蒙古自治区历年统计年鉴及部分典型地区的调查数据、进行测算。经计算得出 2010—2020 年的基尼系数情况如表 3－4 所示。

表 3－4 内蒙古自治区 2010—2020 年全体居民基尼系数

年份	城镇	农牧区	全区
2010	0.39416	0.48229	0.47545
2011	0.38386	0.47215	0.36850

续表

年份	城镇	农牧区	全区
2012	0.46970	0.36432	0.46230
2013	0.41422	0.36258	0.44444
2014	0.39474	0.50306	0.45781
2015	0.37335	0.42295	0.48894
2016	0.36743	0.39179	0.44842
2017	0.36159	0.35199	0.47011
2018	0.45863	0.40490	0.41480
2019	0.35084	0.38658	0.45600
2020	0.43378	0.50244	0.39935

数据来源：2011—2021年《内蒙古统计年鉴》《内蒙古调查年鉴》。

（1）2010—2020年内蒙古农牧区基尼系数变动情况。从表3-4可以看出，农牧区的基尼系数2010年处于一个较高的水平，但从2010年开始至2013年，基尼系数稳步下降。在2013—2014年收入分配差距有扩大的趋势，2014年基尼系数上升39%，涨幅较大。2015年，内蒙古自治区开始实施精准扶贫政策，2015—2019年，农牧区的基尼系数有了较大的下降，尤其是2016年，已由0.42下降至0.39。由此可以看出，随着精准扶贫政策的实施，农牧区收入分配差距有逐步缩小的趋势。就2020年的数据来看，虽然基尼系数已经超过警戒线（0.4），但不能忽视疫情对居民生活的影响。

（2）2010—2020年内蒙古城镇基尼系数变动情况。由于近年来乡村城镇化政策的推行以及农村大量剩余劳动力流向城镇，农村与城镇在各方面融合度和相互依赖程度也在逐年上升，针对农牧区实施的精准扶贫政策，也会对城镇居民的收入分配差距产生一定的影响。从表3-4测算的数据来看，2010—2014年，城镇人口的基尼系数与农牧区的变动趋势类似，有不断上升的趋势。但在2015年实施精准扶贫政策后，城镇基尼系数水平开始下降，由2015年的0.37降至为暴发疫情前的2019年的0.35。这个趋势表明，精准扶贫政策不但对农牧区的收入分配差距有着较大的调节作用，对城镇居民的基尼系数，也有向下调节的作用。

（3）2010—2020 年内蒙古自治区基尼系数变动情况。基于表 3 - 4 显示的数据，2010—2014 年内蒙古自治区全区总体的基尼系数一直都维持在 0.36—0.47。说明这 5 年间，全区城乡居民的收入分配和经济状况差别较大。在 2012 年，基尼系数有了大幅度的提升，较 2011 年上涨了 25%，达到了 0.46。在 2015 年实施精准扶贫政策后，随着农牧区以及城镇居民的收入分配差距的降低以及城乡间收入分配差距的缩小，全区整体的基尼系数也呈现下降趋势。除此之外，通过数据收集和计算得到，2020 年内蒙古自治区总体基尼系数为 0.39935，与上一年相比下降 12%，相较于基尼系数较高的 2012 年下降 14%。

综上，内蒙古自治区的精准扶贫政策，对于农牧区而言起到了缩小收入分配差距、大幅降低基尼系数的作用。对于降低城镇居民的收入分配差距方面，也起到了巨大的作用。在全区层面上，精准扶贫政策对于整个内蒙古自治区收入分配差距的缩小，也产生了较为显著的政策效果。

3.1.5 内蒙古自治区 2010—2020 年人均可支配收入、物价指数和经济自由度变动趋势分析

经济自由度是衡量一个地区居民可行能力集的指标，主要用来体现一个地区居民对商品和稀缺资源进行购买或获取其控制权的能力。党的十九大报告中强调："坚决打赢脱贫攻坚战。让贫困人口和贫困地区同全国一道进入全面小康社会是我们党的庄严承诺。""保障和改善民生要抓住人民最关心最直接最现实的利益问题"，"保障群众基本生活，不断满足人民日益增长的美好生活需要"，"使人民获得感、幸福感、安全感更加充实、更有保障、更可持续。"综上，精准扶贫政策的重要主旨是让全国人民一起实现小康生活水平。民生的全面改善是实现小康生活的主要指标，因此，农村居民经济自由度的变化情况，能较为全面地反映精准扶贫政策在改善民生、提升人民获得感和幸福感方面的政策作用。

本研究结合《内蒙古调查年鉴》的数据，依照第2章所述计算经济自由度的方法计算得出内蒙古自治区2010—2020年农村居民的人均可支配收入、物价指数和经济自由度，如表3－5所示。

表3－5　2010—2020年内蒙古自治区农村人口经济自由度相关数据

年份	人均可支配收入（元）	物价指数	经济自由度
2010	12538	103.2	121.5
2011	14715	105.6	139.3
2012	16800	103.1	162.9
2013	18693	103.2	181.1
2014	20559	101.6	202.4
2015	22310	101.1	220.7
2016	24127	101.2	238.4
2017	26212	101.7	257.7
2018	28376	101.8	278.7
2019	30555	102.4	298.4
2020	31497	101.9	309.1

数据来源：2011—2021年《内蒙古经济社会调查年鉴》。

通过表3－5的数据可以看出，在内蒙古自治区未实施精准扶贫政策的2010—2014年，内蒙古自治区农村居民人均可支配收入呈现稳步上升的趋势，增幅为63.97%。在2015年实施精准扶贫政策后，内蒙古自治区农村居民人均可支配收入由2014年的20559元增加至2020年的31497元，增幅为53.2%。虽然精准扶贫政策实施后，人均可支配收入增幅略有下降，但从表中数据可以发现，从2015年以后，物价指数相较于2010—2014年略有降低后，一直相对比较稳定。所以，从2015年之后，内蒙古自治区农村居民的经济自由度有了稳步且大幅度的提升。这意味着精准扶贫政策实施后，内蒙古自治区农村居民在商品和服务的购买能力上，有了较大幅度的提高。精准扶贫在改善民生方面，效果颇为显著。

3.2　精准扶贫政策对内蒙古自治区经济效率的影响

内蒙古自治区精准扶贫政策主要有加强动态监测管理、稳定扶贫政策措施（医疗、教育、住房）、巩固提升扶贫产业、拓展就业创业渠道、完善综合保障措施、发挥扶贫资产作用、激发群众内生动力、强化基层组织建设八项具体措施。考虑到数据的易得性，本研究选取 2010—2020 年内蒙古自治区政府为农村居民提供的转移支付，包括退休金和养老金、社会救济和补助、政策性生活补贴、报销医疗费、从政府和组织得到的实物产品和服务的折价、现金政策性惠农补贴作为解释变量来量化上述八项精准扶贫的具体措施，用以研究测度精准扶贫对内蒙古自治区经济效率的影响情况。

3.2.1　模型设计、变量选取及数据来源

根据罗默的内生经济增长理论，针对内蒙古自治区普通农村地区和国家重点扶贫开发地区的转移支付对经济增长的影响，分别构建如下回归模型：

$$y = \alpha_0 + \alpha_1 X_t + \alpha_2 Z_t + \mu \tag{3-1}$$

$$y = \beta_0 + \beta_1 x_t + \beta_2 Z_t + \varepsilon \tag{3-2}$$

其中 y 表示被解释变量，X 和 x 表示核心解释变量，分别为普通农村得到的转移支付和国家重点扶贫地区得到的转移支付，Z 表示控制变量，t 代表时间，α_0 和 β_0 为常数项，α_1 、β_1 、α_2 和 β_2 分别为回归系数。

变量说明如下：

（1）被解释变量 y。被解释变量为经济增长水平。结合罗默的内生经济增长理论和大多数文献的做法，本书采用人均 GDP 增长率（*Pgdpr*）来表示内蒙古自治区的经济增长水平。

（2）核心解释变量。为了研究内蒙古自治区精准扶贫政策对经济增长的影响，选用6种转移支付作为核心解释变量：

①离退休金和养老金（*Retir*）：用内蒙古自治区每年为农村地区提供的离退休金和养老金的人均水平来表示，可以用来测度精准扶贫综合保障措施中社会保险方面的水平。

②社会救济和补助（*Soas*）：用内蒙古自治区每年为农村地区提供社会救济和补助的人均水平来表示，用来测度精准扶贫综合保障措施中社会救助的水平。

③政策性生活补贴（*Lial*）：用内蒙古自治区每年为农村地区提供政策性生活补贴的人均水平来表示，用来度量精准扶贫综合保障措施中生活补贴的水平。

④报销医疗费（*Medc*）：用内蒙古自治区每年为农村地区报销医疗费用的人均水平来表示，用来度量精准扶贫中健康扶贫的水平。

⑤现金政策性惠农补贴（*Agsu*）：用内蒙古自治区每年为农村地区提供的现金政策性惠农补贴人均水平来表示，用来度量精准扶贫中产业扶贫的水平。

⑥从政府和组织得到的实物产品和服务折价（*Como*）：用内蒙古自治区每年为农村地区提供实物产品和服务折价的人均水平来表示，用来度量精准扶贫中为农村居民提供的其他脱贫服务的水平。

（3）控制变量（*Z*）。物质资本（*K*）用固定资产投资额表示，以内蒙古自治区2010年的固定资产投资额为基期，采用全国平均水平5%的折旧率，利用国际通用的永续盘存法来计算；财政收入（*govr*）采用内蒙古自治区政府财政收入表示；价格指数（*Pin*）采用内蒙古自治区消费者价格指数来表示；就业人数（*adp*）；财政用于教育支出（*educ*）；财政用于科技支出（*Tech*）。

本研究选取内蒙古自治区的统计数据来计量各项指标数值，时间跨度为2010—2020年。数据来自《内蒙古统计年鉴》《内蒙古经济社会调查年鉴》《内蒙古调查年鉴》等，个别缺失数据用插值法计算补充。

3.2.2　实证研究与结果分析

1. 变量的描述性统计

本部分研究所涉及变量的描述性统计如表 3－6 所示。

表 3－6　主要变量的描述性统计

变量	最小值	最大值	均值	标准差
Pgdpr	0.50	9.00	6.0125	2.75393
Retir	330.00	1445.00	694.50	427.40
Soas	167.00	569.00	324.25	149.48
Lial	38.00	237.00	153.63	62.83
Medc	51.00	258.00	163.25	63.98
Como	3.00	253.00	55.88	83.64
Agsu	711.00	1813.00	1254.38	413.95
adp	1242.00	1370.00	1317.75	44.25
K	10441.60	17146.05	14860.71	2502.42
Pin	101.10	103.20	101.86	0.67599
govr	17032095.00	20596940.00	19021651.63	1423168.95
educ	4568693.00	6421745.00	5520572.25	620922.93
Tech	260519.00	357221.00	316503.63	30371.15

2. 回归分析

本书运用 SPSS 通过人均产出增长率对精准扶贫中各类转移支付进行回归分析，并分别分析内蒙古自治区农村地区和国家重点扶贫开发地区转移支付对人均产出增长率的影响情况。模型回归结果如表 3－7 所示。

表 3－7　转移支付对人均产出增长率的回归分析

核心解释变量	(1)	(2)
	农村地区	国家重点扶贫开发地区
	系数	
Agsu	－2.314	－2.287
Retir	1.871	1.884

续表

核心解释变量	(1)	(2)
	农村地区	国家重点扶贫开发地区
	系数	
Soas	0.552	-0.041
Lial	0.378	-0.385
Medc	-0.233	0.238
Como	-1.129	-0.447

(1) 农村地区转移支付对经济增长影响的回归结果分析。在表 3-7 的回归结果中，农村地区的现金政策性惠农补贴、报销医疗费、从政府和组织得到的实物产品和服务折价对内蒙古自治区人均产出增长率的系数都显著为负。

第一，由表 3-7 的回归结果可知，报销医疗费用对内蒙古自治区的经济增长抑制作用最大，说明农村居民医疗报销费用的增加，一定程度上会阻碍内蒙古自治区的经济增长水平。医疗报销费用的增加，说明内蒙古自治区农村居民发病率较高，健康水平较差。而健康人力资本的提升对经济增长具有显著且积极的促进作用（张颖熙等，2021），所以内蒙古自治区如果想通过健康的层面实现脱贫攻坚和乡村振兴，就应该增加农村居民的疾病预防和健康水平提升方面的医疗卫生投入。政府卫生支出不仅对农村经济增长具有显著和稳定的助推作用（谢智康和杨晶，2020），而且卫生支出对某地区整体经济增长也存在长期正向效应，但短期会出现波动（胡小梅等，2020），从全国来看政府医疗卫生支出对经济增长的效应随地区差异呈现倒“U”形。所以，政府对健康层面的医疗卫生投入，不仅在短期内应引起重视，而且在长期内也应持续进行。

第二，表 3-7 中结果显示，为农村居民提供现金政策性惠农补贴对内蒙古自治区的经济增长也有显著的负面影响。精准扶贫政策中对农业生产的扶持和经济增长之间是呈倒“U”形关系的，随着城市化水平的提升，这种促进作用在逐渐降低（张荣强，2018）。原因可能是随着内蒙古自治区经济增长和城市化进程的不断加快，大批农民放弃田地去城市打工谋生，导致农村劳动力的匮乏，农业生产积极性降低。本书项目组 2017—2019 年连续三年的农村实地调研都发现，农村劳动力老龄化严重，有的村庄几乎无人居住，农田更是被严重荒废。政府现有的惠农补贴模式，对农民的劳动积极性并没有太大的激励作用。大部分青壮年劳动力更愿意去城市打工也不愿留在农村耕种田地，老一辈农民也十分渴望自己的子女能走出农村，不再像自己一样一辈子守着田地过活。这种情况下，惠农政策的作用并不显著，甚至随着经济增长速度的加快，现金政策性惠农补贴和经济增长呈现出反向变化的关系。

第三，表 3－7 结果中显示，从政府和组织得到的实物产品和服务折价对内蒙古自治区经济增长有负向作用。其原因可能是，一方面，农村老龄化人口过多，由于文化水平的限制，对产业扶贫中的养殖和生产技术无法很好的掌握。另一方面，农村居民普遍文化水平较低也会导致他们对国家提供的养殖、种植和经营技术无法短时间内快速掌握，所以将大规模的土地进行了转租，自己仅靠微薄的租金度日。这就导致产业扶贫资金投入的低效，进而使政府对农村实物产品和服务的投入，无法产生应有的经济回报。

第四，由于农村老龄化问题的严重，导致了表 3－7 中的一个回归结果是，农村居民的离退休金和养老金对经济增长的影响是正向的。随着精准扶贫政策中对农村养老问题的解决，一方面让农村老人的消费能力有了显著提升，另一方面也减轻了子女赡养老人的负担，让子女能够安心外出打工赚钱。更有甚者，还让农村老人有更大的能力帮助子女抚养下一代，进一步减轻了农村青壮年劳动力的育儿负担，降低劳动力的生存成本。从这两个角度来看，增加农村老人的离退休金和养老金，确实能够有效提升经济效率，促进经济增长。

第五，表 3－7 显示，增加内蒙古农村地区的社会救济补助和政策性生活补贴，能够正向促进经济增长。产生这个结果的原因仍与农村青壮年劳动力大规模涌入城市、留守的多为老年人和儿童有关。所以救济补助和生活补贴能够直接增加他们的可支配收入，提升他们的生活质量和消费能力，间接节省了农村外出务工人员的生活成本，提升了政策资金的使用效率，进而正向促进了经济增长。

（2）国家重点扶贫开发地区转移支付对经济增长的影响。在表 3－7 的回归结果中，对内蒙古自治区国家重点扶贫开发地区进行的现金政策性惠农补贴、社会救济和补助、政策性生活补贴、政府和组织的实物产品和服务折价，对内蒙古自治区人均产出增长率的系数都显著为负。只有离退休金和养老金对经济增长有正向影响。

第一，国家重点扶贫开发地区的离退休养老金和报销医疗费之所以能促进经济增长，还是源于越是贫困的地区，青壮年劳动力进城务工的比例越高。在农村留守的大多是缺乏劳动力、身体健康水平较低和年龄过大丧失劳动力的人口。所以致贫原因就集中在疾病和衰老这两方面，所以这两方面的扶贫资金在国家重点扶贫开发地区的使用效率最高。

第二，现金政策性惠农补贴、从政府组织得到的实物产品和服务折价负向影响经济增长的原因，仍是在国家重点扶贫开发地区，愿意进行农业生产的青壮年劳动力相较于一般农村地区缺失更为严重。老年人由于年龄和文化水平的限制，不能有效地进行农业生产的革新。但是相较于一般农村地区，对国家重点扶贫开发地区提供这两项补贴，对经济增长的负面影响程度低于一般农村地区。所以，惠农补贴和政府提供的实物和服务，在国家重点扶贫开发地区的资金投入有更高的使用效率。

第三，对国家重点扶贫开发地区进行的社会救济和补助、政策性生活补贴，对经济增长呈现负面影响的原因可能是对其进行的扶贫投入较大，加重了政府财政负担，进而阻碍了社会经济效率的提升，效率和公平本身在某些方面具有对立性。基于此，后期乡村振兴政策也应考虑公平和效率更好兼容的政策措施。

3. 控制变量对内蒙古自治区经济效率影响的回归结果分析

控制变量的相关性分析结果如表 3－8 所示，就业人数对全区经济增长的正向效应显著，说明就业人数在很大程度上能通过精准扶贫政策中的各类转移支付间接带动经济增长。物质资本对经济增长的负向效应显著，说明精准扶贫政策中的物质资本投入是阻碍经济增长的，这与农村地区老龄化严重和文化水平较低有较大关系，物质资本发放后，农民无法完全掌握较为先进的生产技能，无法直接将物质资本转化为经济收益。政府财政的教育支出，通过精准扶贫政策，对经济增长有较明显的间接阻碍。人力资本对经济增长有显著的促进作用，特别是在人力资本的长期积累当中对经济的增长有着决定性的影响（耿强等，2001）。由于本书仅使用了 10 年的数据进行分析，所以，财政中用于教育的支出对经济增长的正向促进作用并未显现出来。短期内，政府教育财政支出是很难显现出正向的经济效应的。财政中的科技支出对经济增长的正向效应显著，说明财政对科技的支出很大程度上能通过精准扶贫政策间接拉动经济增长。

表 3－8　控制变量对人均产出增长率的回归分析

控制变量	人均产出增长率	
	系数	Sig.
adp	0.903	0.001
K	－0.744	0.017
Pin	0.071	0.434
govr	－0.332	0.211
educ	－0.855	0.003
Tech	0.142	0.0369

综上，由精准扶贫政策对内蒙古自治区的经济效率影响测度分析能得出如下结论：

结论 1：对农村地区而言，只报销医疗费用会对经济增长产生负面影响。

结论 2：为农村居民提供现金政策性惠农补贴、实物产品和服务，由于政策资金使用效率不高，在一定程度上会阻碍内蒙古自治区的经济增长。

结论 3：增加农村居民的离退休金和养老金、社会救济和补助、政策性生活补贴，能够提升其消费能力，降低生活成本，从而提升经济效率、促进经济增长。

结论 4：由于国家重点扶贫开发地区的老龄化问题严重，所以在这类地区增加离退休养老金和医疗保险投入的力度，能够提升经济增长。

结论 5：由于国家重点扶贫开发地区的青壮年劳动力严重缺失，导致现金性政策惠农补贴、政府发放的实物产品和服务都未能发挥其最大的作用，导致了扶贫投入的经济效率较低，阻碍了经济增长。

结论6：对国家重点扶贫开发地区进行的社会救济和补助、政策性生活补贴，可能会由于过分关注公平而带来对效率的阻滞。

结论7：精准扶贫政策可以通过增加农村地区的就业机会和科技投入，促进经济增长。但要想通过对物质资本的投入促进经济增长，还需要解决农村老龄化严重和文化水平低下的问题。

结论8：内蒙古自治区必须长期增加农村地区的教育投入，才能通过教育投入实现经济的更快速增长。

3.3 精准扶贫政策对内蒙古自治区公平的影响

阿马蒂亚·森（2012）认为，在考量社会公平时，应重视可行能力的平等。而可行能力主要包括经济条件、社会机会、透明性担保和防护性保障，即上述这些方面的因素会影响一个社会的公平程度。基于易于量化和数据的易得性，本书选取教育、健康和就业，分别代表接受教育、保持健康和获取工作的可行能力，作为影响公平的主要因素。建立中介效应模型，研究精准扶贫政策中的各类转移支付如何通过教育、健康和就业对内蒙古自治区的基尼系数产生影响。

3.3.1 模型设计、变量选取及数据来源

对于精准扶贫政策对公平的影响，本书构建如下模型：首先，构建模型（3－3），通过基尼系数对转移支付进行回归，用来分析转移支付对基尼系数的影响是否显著；其次，建立第2组模型（3－4），通过中介变量教育、健康

和就业对代表精准扶贫政策的转移支付进行回归，分别用来分析转移支付对这三个中介变量的影响是否显著；最后，构建模型（3－5），用于检验控制了转移支付的影响后，中介变量教育、健康和就业对基尼系数的影响是否显著，具体如下：

$$Gini = \gamma_0 + \gamma_1 X_t + \gamma_2 Z_t + \omega \tag{3-3}$$

$$\begin{cases} Edu = \beta_{E0} + \beta_{E1} X_t + \beta_{E2} Z_t + \mu_E \\ Heal = \beta_{H0} + \beta_{H1} X_t + \beta_{H2} Z_t + \mu_H \\ Adp = \beta_{A0} + \beta_{A1} X_t + \beta_{A2} Z_t + \mu_A \end{cases} \tag{3-4}$$

$$Gini = \alpha_0 + \alpha_1 Edu_t + \alpha_2 Heal_t + \alpha_3 Adp_t + \beta X_t + \alpha_4 Z_t + \mu \tag{3-5}$$

其中，*Gini* 表示被解释变量，*X* 为核心解释变量，代表农村居民在精准扶贫政策中得到的转移支付。*Edu*、*Heal*、*Adp* 为中介变量，*Z* 表示控制变量，*t* 代表时间，α_0、β_0 和 γ_0 为常数项，α_1、α_2、α_2、α_3、α_4、β_1、β_2、β、γ_1 和 γ_2 分别为回归系数。μ 和 ω 误差项。

变量说明如下：

（1）被解释变量（*Gini*）。被解释变量为基尼系数，用来测度内蒙古自治区的收入分配公平程度。

（2）核心解释变量。为了研究内蒙古自治区精准扶贫政策对经济增长的影响，选用 6 种转移支付作为核心解释变量：

①离退休金和养老金（*Retir*）：用内蒙古自治区每年为农村地区提供的离退休金和养老金的人均水平来表示，可以用来测度精准扶贫综合保障措施中社会保险方面的水平。

②社会救济和补助（*Soas*）：用内蒙古自治区每年为农村地区提供社会救济和补助的人均水平来表示，用来测度精准扶贫综合保障措施中社会救助的水平。

③政策性生活补贴（*Lial*）：用内蒙古自治区每年为农村地区提供政策性生活补贴的人均水平来表示，用来度量精准扶贫综合保障措施中生活补贴的水平。

④报销医疗费（*Medc*）：用内蒙古自治区每年为农村地区报销医疗费用的人均水平来表示，用来度量精准扶贫中健康扶贫的水平。

⑤现金政策性惠农补贴（*Agsu*）：用内蒙古自治区每年为农村地区提供的现金政策性惠农补贴人均水平来表示，用来度量精准扶贫中产业扶贫的水平。

⑥从政府和组织得到的实物产品和服务折价（*Como*）：用内蒙古自治区每年为农村地区提供实物产品和服务折价的人均水平来表示，用来度量精准扶贫中为农村居民提供的其他脱贫服务的水平。

（3）中介变量：本部分研究重点考察内蒙古自治区全区教育规模（*Edu*）、健康水平（*Heal*）和就业量（*Adp*）3 种中介渠道的传导机制，分别用内蒙古自治区每年的在校学生比、居民医疗保健支出和非农就业人员数量来度量。以观测精准扶贫政策引致的内蒙古自治区教育规模、居民健康水平和非农就业人数的变动对收入分配公平程度的影响机制。

（4）控制变量（*Z*）。内蒙古自治区居民家庭婚姻状况（*Mars*），用内蒙古自治区的离婚率表示；家庭成员年龄构成（*Fagc*），用内蒙古自治区每年的居民家庭法定劳动年龄成员占比表示；户主文化程度（*Elh*），采用内蒙古自治区居民家庭中户主为高中文化程度以上的占比来表示；按家庭规模划分的住户类型（*Hout*），用 3 人户以上的占比表示；劳动力人数（*Nuow*）用居民家庭平均每户劳动力人数表示。

本书选取内蒙古自治区的统计数据来计量各项指标数值，时间跨度为 2010—2020 年。数据来自《内蒙古统计年鉴》《内蒙古经济社会调查年鉴》《内蒙古调查年鉴》等，个别缺失数据用插值法计算补充。

3.3.2 实证研究与结果分析

1. 变量的描述性统计

本部分研究所涉及变量的描述性统计如表 3－9 所示。

表 3－9　　变量描述性统计表

变量名称	极小值	极大值	均值	标准差
Gini	0.40	0.49	0.4475	0.02880
Edu	15.86	17.48	16.88	0.55739
Heal	1176.00	2108.00	1619.00	318.61
Adp	1242.00	1370.00	1317.75	44.25
Retir	330.00	1445.00	694.50	427.40
Soas	167.00	569.00	324.25	149.48
Lial	38.00	237.00	153.63	62.83
Medc	51.00	258.00	163.25	63.98
Como	3.00	253.00	55.88	83.64
Agsu	711.00	1813.00	1254.38	413.95
Elh	3.00	3.00	3.0000	0.00000
Hout	2.00	3.00	2.7500	0.46291
Nuow	2.03	2.12	2.0813	0.03357
Mars	2.29	4.05	3.0713	0.75743
Fagc	8.00	8.00	8.0000	0.00000

2. 回归分析

（1）运用 SPSS，通过基尼系数对精准扶贫中各类转移支付进行回归分析，模型回归结果如表 3－10 所示。

表 3－10　　转移支付对基尼系数的回归分析结果

变量	系数	Sig.
Agsu	－4.308	0.017
Retir	3.848	0.124
Soas	1.059	0.173
Lial	－0.574	0.044
Medc	－0.936	0.020
Como	－0.386	0.048

由表 3－10 的回归结果可知，当不存在中介变量时，对内蒙古自治区的基尼系数有显著影响的是现金政策性惠农补贴、政策性生活补贴、报销医疗费用、政府和组织提供的实物产品和服务。而离退休金和养老金、社会救济和补助对基尼系数影响不大。具体分析如下。

首先，现金政策性惠农补贴、政策性生活补贴、报销医疗费用、政府和组织提供的实物产品和服务对基尼系数的影响都是反向的，上述转移支付的增加会降低基尼系数的值，也就意味着内蒙古自治区如果在农村地区增加上述转移支付的补贴力度，能够促进内蒙古自治区收入分配的公平程度。究其原因，上述补贴是从生产、生活和健康的可行能力拓展方面对农村居民补贴，帮助其具备更先进的生产技能、更丰富的生产资料、技术水平更先进的生产设备，提升农村居民改善自身生活水平的能力，这属于授人以渔的转移支付方式。从提升可行能力的角度来看，这类型的补贴有助于每个人都有能力按自己的意愿拓展自身的可行能力，所以更能够促进收入分配的公平。

其次，离退休金和养老金、社会救济和补助对基尼系数的影响是正向的，虽然效果不显著，但也反映出增加这两类转移支付会降低内蒙古自治区收入分配公平程度的结果。其原因可能是这两类补贴属于直接授人以鱼的类型，发放以后仅能缓解一时的生活压力，但不能使人具备长期提升收入的能力。所以相较于一些提升农村居民挣钱能力的补贴，有能力接受这两类补贴的人会和其他人逐渐拉开收入水平，导致收入分配差距的进一步扩大。例如，同样贫困的前提条件下，年纪较大、残疾以及丧失劳动能力的农村居民只能接受离退休金和养老金、社会救济和补助。而其他村民在接受了生产资料、生产技能培训后，有了更强的挣钱能力，或者在报销医疗费用后恢复了劳动能力，就会导致收入不变的人与收入越来越高的人形成较大的差距。

（2）运用 SPSS，通过中介变量教育、健康和就业对精准扶贫中各类转移支付进行回归分析，模型回归结果如表 3－11 所示。

表 3-11　　农村地区中介变量回归分析

核心解释变量	中介变量					
	Edu		*Heal*		*Adp*	
	系数	Sig.	系数	Sig.	系数	Sig.
Agsu	-1.143	0.134	-1.303	0.015	-0.091	0.354
Retir	0.887	0.184	2.103	0.026	-0.795	0.049
Soas	1.446	0.058	0.057	0.032	-0.332	0.058
Lial	-1.030	0.056	0.119	0.040	0.182	0.073
Medc	-0.425	0.117	-0.108	0.049	0.071	0.162
Como	0.451	0.121	0.101	0.099	-0.178	0.072

通过表 3-11 的回归结果可知，转移支付对于教育、健康、就业的影响正负均有，但对教育、就业的影响并不显著。精准扶贫政策对健康的作用更为明显。具体分析如下：

首先，对教育来说，可以看出现金政策性惠农补贴对教育的影响是负面的，即增加现金政策性惠农补贴，会使内蒙古自治区每年的在校生比例下降。原因有可能是由于农村地区教育条件和教育观念相对落后，对农村居民实施了现金政策性惠农补贴后，会导致农民更倾向于让孩子参加农业劳动，而放弃受教育的机会。政策性生活补贴让在校学生比例下降的原因可能是，生活方面的补贴导致了农村一部分养懒汉的行为。根据心理账户理论，不劳而获得来的钱，更容易被花掉。报销医疗费用的增加会让一部分农村居民认为遇到困难靠政府即可，没必要花钱再让孩子上学，也会导致孩子失学，在校学生的比例下降。上述分析都是建立在本项目组长期在农村调研的基础上所得出的结论，且类似事件虽然存在，但发生的比例非常低。所以从实证结果来看，虽然这三类补贴对在校学生比有负面影响，但并不显著，也与调研结果相符合。

对于表 3-11 中，离退休金和养老金、社会救济和补助、政府和组织提供的实物产品和服务对教育的正向影响并不显著的原因，与农村地区师资力量、办学条件等客观存在的劣势情况紧密相关。

其次，对健康来说，虽然转移支付的影响比较显著，但现金政策性惠农补贴和报销医疗费用对健康的影响却是负向的，即提高现金政策性惠农补贴，会降低农村居民在医疗保健方面的支出。这可能是由于劳动生产积极性的提升，让农村居民降低了对自身医疗保健方面的重视程度。报销医疗费用的增加，能够抵免一部分医疗费用，所以影响呈现负向结果。比较显著的正向影响是离退休金和养老金、社会救济和补助、政策性生活补贴，这三类补贴都是直接能够提升可支配收入的转移支付，能够让农村居民有更多的经济能力关注自身的健康保健。政府和组织提供的实物产品和服务对健康的影响并不显著。

最后，对就业来讲，转移支付的效果也并不显著。其原因可能是精准扶贫的补贴针对的是农村的生产和生活，农村的青壮年劳动力大都外出务工，很多人无法享受到生产和生活的补贴。对进城的农民工来说，精准扶贫政策无法起到提升这部分人就业数量的作用。

（3）运用 SPSS，通过基尼系数对中介变量教育、健康和就业和核心解释变量进行回归分析，模型回归结果如表 3－12 所示。

表 3－12　总体回归分析

影响因素	内蒙古自治区全区		农村地区	
	系数	Sig.	系数	Sig.
Edu	－0.790	0.021	0.370	0.219
Heal	5.739	0.035	1.280	0.042
Adp	2.734	0.270	－1.099	0.013
Agsu	0.456	0.213	0.028	0.942
Retir	－0.752	0.031	－1.926	0.010
Soas	2.744	0.089	－0.215	0.945
Lial	0.222	0.336	－0.057	0.826
Medc	0.280	0.376	－0.362	0.736
Como	－0.132	0.678	0.558	0.416

由表 3－12 结果可看出，对内蒙古自治区全区的基尼系数而言，教育有显著的负向作用，健康有显著的正向作用。但就农村的基尼系数来说，教育有不显著的正向作用，健康有显著的正向作用，就业有不显著的负向作用。具体分析如下。

在整个内蒙古自治区范围内，学生在校比例越高，基尼系数越低，收入分配越公平，这是符合大部分文献研究结论的结果。但居民医疗保健方面的支出增加，却会使基尼系数升高，加剧全区范围内的收入分配不平等。究其原因：一方面可能是居民对健康保健意识的两极分化导致的，越注重健康保健的人支出越多，对其收入的正向影响也就越大。不注重健康保健的人支出就少，身体健康水平的低下会引发收入水平的下降。这样的现象导致了收入分配差距的增加。另一方面原因是大病导致的支出增加，使可支配收入降低，而不得大病的人支出相对较少，可支配收入较高，进而导致收入分配差距过大。就业量对基尼系数影响不显著的原因有可能是低收入人群的就业比例并未得到改善，新增的就业人口来自中高收入家庭。

在内蒙古自治区的农村地区，在校人数比例的上升，对基尼系数有不显著的正向影响。其原因可能是农村居民中就读高等教育的比例并未有太多增加，所增加的在校人数，均是由于人口的增加而带来的小学和中学受教育人数的增长。这样的状况导致了农村居民的文化水平并不能有显著的提升，从而对改善农村地区的收入分配差距并没有太大帮助。农村居民对医疗保健的支出，对基尼系数有显著正向影响的原因是农村居民大多只在生病时花钱看病，而并不重视健康的日常保健。这就决定了医疗保健的支出绝大部分来自于医疗。而农村的贫困大多来自于因病致贫，所以医疗方面支出越多会越加剧农村地区收入分配的差距。就业人数的提升会显著的降低农村地区的基尼系数，促进农村地区收入分配公平，其原因是农民工进城务工比例增加时，会显著提升农村居民家庭的收入水平。

3. 中介效应检验结果分析

基于前文论述，精准扶贫的各项补贴措施通过直接和间接路径作用于收入分配差距，其中教育、健康和就业在精准扶贫对收入分配差距的影响中起中介作用。本书通过前文建立的中介效应模型，检验在以教育、健康和就业为中介变量下，精准扶贫的各项补贴政策对收入分配差距即基尼系数的直接影响和间接影响。已有文献中，由于 Baron 等人的因果逐步回归法和温忠麟等推荐的中介效应检验存在诸多问题，而 Bootstrap 法在各种复杂模型中都可使用，因此本书采用 Bootstrap 方法进行中介效应检验，检验结果如表 3－13、表 3－14、表 3－15 所示。

（1）当中介变量为教育时，按照 Bootstrap 方法进行中介效应检验，对于直接效应和中介效应显著性依据 95% 置信区间是否包含“0”值作为评判标准，包含“0”值则不显著，不包含“0”值则为显著。估计结果如表 3－13 所示。

表 3－13　中介变量为教育时精准扶贫对基尼系数的直接影响和间接影响

核心解释变量	直接影响				间接影响			
	Effect	SE	LLCI	ULCI	Effect	BootSE	BootLLCI	BootULCI
Agsu	－0.4212	0.0332	－0.1392	－0.0052	－0.0912	0.0223	0	－0.0152
Retir	－0.3871	0.0184	－0.1032	－0.0026	0.0853	0.0492	0.2243	0.0235
Soas	－0.5463	0.0281	－0.0573	－0.0321	0.3328	0.0281	0.1623	0.0187
Lial	－0.8304	0.0167	0.1192	0.0402	0.1826	0.0133	0.1843	0.0213
Medc	－0.4257	0.0117	－0.1087	－0.0493	0.0715	0.0162	－0.1256	0
Como	－0.1581	0.0121	－0.1016	－0.0997	0.1788	0.0121	0	0.0252

注：LLCI 和 ULCI 分别表示置信区间的最低值和最高值，下同。

在 95% 置信区间，现金政策性惠农补贴对基尼系数直接影响的检验结果不包含 0（LLCI = －0.1392，ULCI = －0.0052），表明现金政策性惠农补贴对缩小收入分配差距存在直接效应，直接效应为 －0.4212，即现金性惠农补贴直接缩小了收入分配差距，很多相关文献也支持这一结论。但在 95% 置信区间，间接影响的检验结果包含 0（BootLLCI = 0，BootULCI = －0.0152），说明教育在现金惠农补贴对收入分配差距的影响机制下没有显著的中介效应，即现金惠农补贴并没有通过教育有效改善内蒙古自治区的收入分配差距。究其原因，很多相关文献也进行过论证，如郝文武（2022）认为，精准扶贫和乡村振兴对教育的改善不应只停留在单纯的转移支付上，还需要解决农村地区师资力量薄弱、教育理念落后等问题。现金性惠农补贴只能让农民的农业生产性收入有所提升，但并不能改变农村教育资源匮乏和农村居民家庭教育观念落后的问题。

在95%置信区间，离退休金和养老金对基尼系数直接影响的检验结果不包含0（LLCI = -0.1032，ULCI = -0.0026），表明离退休金和养老金对缩小收入分配差距存在直接效应，直接效应为-0.3871，即离退休金和养老金直接缩小了收入分配差距。由于农村老龄化问题逐渐凸显，所以退休金和养老金在缩小收入分配差距方面成效较为显著。在95%置信区间，间接影响的检验结果不包含0（BootLLCI = 0.2243，BootULCI = 0.0235），说明教育在离退休金和养老金对收入分配差距的影响机制下具有显著的中介效应，中介效应为0.085，即离退休金和养老金通过教育扩大了内蒙古自治区的收入分配差距。原因可能是，一部分农村的青壮年劳动力进城务工后，将孩子留给老人照料。当老年人可支配收入增加后，将大部分钱用于支付孩子上学的费用，导致需要照顾留守儿童的老人相较于其他老年人收入变低，从而加剧了收入分配差距。

依据表3-13数据和中介效应检验结果的判断方法可知，社会救济和补助、政策性生活补贴对缩小收入分配差距存在直接效应，直接缩小了收入分配差距。但社会救济和补助、政策性生活补贴通过教育扩大了内蒙古自治区的收入分配差距，教育在社会救济和补助、政策性生活补贴对收入分配差距的影响机制下具有显著的中介效应。这是因为精准扶贫政策中的社会救济和补贴、政策性生活补贴，有很多针对教育的专项补贴，而对于教育的专项补贴属于“造血式”扶贫。周强（2021）研究发现，在市场机制有效配置资源的作用下，“造血式”扶贫的减贫利益更多地流向了在教育、医疗健康、非农就业和基础设施利用等方面均占优势的家庭，且明显提高了具有要素禀赋优势家庭收入的向上流动，从而在一定程度上扩大了地区内的收入差距。这其实也是表3-13中的报销医疗费、政府和组织提供的实物产品和服务折价对缩小收入分配差距的直接影响较为显著，而通过教育对收入分配的影响不显著的原因。

（2）当中介变量为健康时，按照Bootstrap方法进行中介效应检验，对于直接效应和中介效应显著性依据95%置信区间是否包含“0”值作为评判标准，包含“0”值则不显著，不包含“0”值则为显著。估计结果如表3-14所示。

表 3－14　中介变量为健康时精准扶贫对基尼系数的直接影响和间接影响

核心解释变量	直接影响				间接影响			
	Effect	SE	LLCI	ULCI	Effect	BootSE	BootLLCI	BootULCI
Agsu	－0.3213	0.0422	－0.1481	－0.0123	－0.3319	0.0263	－0.0145	－0.0198
Retir	－0.4456	0.0234	－0.0987	－0.0467	－0.7454	0.0365	－0.2576	－0.1456
Soas	－0.5612	0.0421	－0.1456	－0.0765	0.6656	0.0347	0.1897	0.0345
Lial	－0.7245	0.0498	－0.1067	－0.0587	0.2782	0.0436	0.1345	0.0896
Medc	－0.5123	0.0257	－0.1163	－0.0786	0.2563	0.0354	0.1315	0.0997
Como	－0.9567	0.0325	－0.0765	－0.1245	－0.8896	0.0367	－0.3462	0.0356

依据表 3－14 数据和中介效应检验结果的判断方法可知，精准扶贫政策中的现金政策性惠农补贴、离退休金和养老金、政府提供的实物产品和服务折价对缩小收入分配差距的直接效应均较为显著，且通过健康缩小了收入分配差距，即居民医疗保健方面的支出在这三项补贴对收入分配差距的影响机制下具有显著的中介效应。原因可能在于惠农补贴、政府提供的实物产品和服务能够有效提升可支配收入，使农村居民有更多的经济实力关注自身健康水平，进一步提升自身获得收入的能力。同理，给老年人更多的养老金，也能让他们有更多的收入去维护健康。

表 3－14 中数据显示，社会救济和补助、政策性生活补贴和报销医疗费虽然在缩小收入分配差距方面的直接效应较为显著。但这三项补贴却通过健康扩大了收入分配差距，即居民医疗保健方面的支出在这三项补贴对收入分配差距的影响机制下，具有显著正向的中介效应。原因与教育的中介效应分析类似，健康方面的专项补贴只对更重视健康和疾病预防且更愿意在医疗保健方面支出的家庭具有提升人力资本质量、促进家庭收入的作用。

（3）当中介变量为就业时，按照 Bootstrap 方法进行中介效应检验，对于直接效应和中介效应显著性依据 95% 置信区间是否包含“0”值作为评判标准，包含“0”值则不显著，不包含“0”值则为显著。估计结果如表 3－15 所示。

表 3－15　中介变量为就业时精准扶贫对基尼系数的直接影响和间接影响

核心解释变量	直接影响				间接影响			
	Effect	SE	LLCI	ULCI	Effect	BootSE	BootLLCI	BootULCI
Agsu	－0.1458	0.0334	－0.1454	－0.2345	－0.1354	0.0213	0	－0.1654
Retir	－0.5531	0.0421	－0.1143	－0.1265	－0.0965	0.0442	－0.2314	－0.1233
Soas	－0.4431	0.0215	－0.0977	－0.0845	0.9982	0.05412	0.1897	0
Lial	－0.7634	0.0331	－0.0899	－0.0956	－0.1339	0.0328	－0.1055	0
Medc	－0.4498	0.0422	－0.1145	－0.1352	－0.1253	0.0423	－0.1588	－0.0879
Como	－0.8797	0.0421	－0.1278	－0.0987	0.1135	0.0214	0.1439	0.0978

依据表 3－15 数据和中介效应检验结果的判断方法可知，精准扶贫政策中的现金政策性惠农补贴、社会救济和补助、政策性生活补贴对缩小收入分配差距的直接效应均较为显著，但却没有通过就业影响收入分配差距，即非农就业人口数量在这三项补贴对收入分配差距的影响机制下不具有显著的中介效应。原因可能在于惠农补贴、社会救济和补助、政策性生活补贴对农村居民的非农就业技能提升有限，不能进一步增加收入，进而对收入分配差距产生影响。

表 3－15 中数据显示，离退休和养老金、报销医疗费在缩小收入分配差距方面的直接效应较为显著，且通过非农就业数量影响收入分配差距，即非农就业数量在离退休和养老金、报销医疗费对收入分配差距的影响机制下具有非常显著的中介效应。原因可能是农村老龄人口增加可支配收入后，能够让青壮年劳动力放心地将孩子交给父母抚养，自己进城务工，从而增加了家庭收入，缩小了收入分配差距，或是由于农村因病致贫的劳动力在报销医疗费用之后，恢复了劳动能力，加入了进城务工的行列，增加了家庭收入。

由表 3－15 检验结果可知，政府和组织提供的实物产品和服务对缩小收入分配差距的直接效应较为显著，但却通过中介变量非农就业数量扩大了收入分配差距。原因是政府提供的实物产品和服务提升了一部分文化水平较高的农村居民各方面的技能，从而让他们在进行非农生产时比别的农民更具备优势。例如电商平台的发展虽然为弱势群体拓宽了市场边界，但只有对那些能够接受互联网技术并能快速掌握电商营销技能的人来说才能创造收益。新技术在生产中的应用，在短期内会造成收入分配差距的扩大。

4. 控制变量回归结果分析

剔除中介效应后，控制变量对基尼系数的归回结果分析如表 3 – 16 所示。

表 3 – 16　　控制变量对基尼系数的回归分析

控制变量	基尼系数	
	系数	Sig.
Nuow	–0.417	0.015
Elh	–0.256	0.037
Hout	0.425	0.068
Mars	0.703	0.026
Fagc	0.657	0.046

由表 3 – 16 中的回归结果可知，居民家庭平均每户劳动力数量越多，在精准扶贫政策作用下，基尼系数就越小，收入分配差距会越小；当内蒙古自治区居民家庭中户主为高中文化程度以上的家庭占比越多，精准扶贫政策会使其基尼系数下降，收入分配差距缩小，这是由于文化水平的提高，提升了精准扶贫政策中“赋能式”补贴的资金使用效率；对居民家庭中 3 人户以上的，精准扶贫政策调节收入分配差距的影响不显著；当居民家庭的离婚率较高时，精准扶贫政策的实施会使基尼系数扩大，加剧收入分配差距；当居民家庭法定劳动年龄成员占比较高时，精准扶贫政策会扩大基尼系数，加剧收入分配差距。

3.4　精准扶贫政策对内蒙古自治区经济自由度的影响

阿马蒂亚·森（2012）认为，人的自由应体现在可行能力的自由，而可行能力主要包括经济条件、社会机会、透明性担保和防护性保障。即上述这些方面的因素会影响一个社会公民的自由程度。基于易于量化和数据的易得性，本书选取教育、健康、非农就业和消费，分别代表接受教育、保持健康、经济条件和获取工作的可行能力，作为影响经济自由的主要因素。建立中介效应模型，研究精准扶贫政策中的各类转移支付如何通过教育、健康、就业和消费对内蒙古自治区的经济自由度产生影响。

3.4.1　模型设计、变量选取及数据来源

对于精准扶贫政策对经济自由度的影响，本书构建如下模型：首先，构建模型（3－6），通过经济自由度对转移支付进行回归，用来分析转移支付对经济自由度的影响是否显著；其次，建立第 2 组模型（3－7），通过中介变量教育、健康、就业和消费对代表精准扶贫政策的转移支付进行回归，分别用来分析转移支付对这 4 个中介变量的影响是否显著；最后，构建模型（3－8），用于检验控制了转移支付的影响后，中介变量教育、健康、就业和消费对经济自由度的影响是否显著，具体如下：

$$Efree = \gamma_0 + \gamma_1 X_t + \gamma_2 Z_t + \omega \tag{3-6}$$

$$\begin{cases} Edu = \beta_{E0} + \beta_{E1} X_t + \beta_{E2} Z_t + \mu_E \\ Heal = \beta_{H0} + \beta_{H1} X_t + \beta_{H2} Z_t + \mu_H \\ Adp = \beta_{A0} + \beta_{A1} X_t + \beta_{A2} Z_t + \mu_A \\ Cons = \beta_{C0} + \beta_{C1} X_t + \beta_{C2} Z_t + \mu_C \end{cases} \tag{3-7}$$

$$Efree = \alpha_0 + \alpha_1 Edu_t + \alpha_2 Heal_t + \alpha_3 Adp_t + \alpha_4 Cons_t + \beta X_t + \alpha_5 Z_t + \mu \tag{3-8}$$

其中 $Efree$ 表示被解释变量，X 为核心解释变量，代表农村居民在精准扶贫政策中得到的转移支付。Edu、$Heal$、Adp、$Cons$ 为中介变量，Z 表示控制变量，t 代表时间，α_0、β_0 和 γ_0 为常数项，α_1、α_2、α_2、α_3、α_4、α_5、β_1、β_2、β、γ_1 和 γ_2 分别为回归系数。μ 和 ω 误差项。

变量说明如下：

（1）被解释变量（*Efree*）。被解释变量为经济自由度，依前文论述，用每年的居民可支配收入与物价指数的比值来度量内蒙古自治区的经济自由度。

（2）核心解释变量。为了研究内蒙古自治区精准扶贫政策对经济增长的影响，选用6种转移支付作为核心解释变量：

①离退休金和养老金（*Retir*）：用内蒙古自治区每年为农村地区提供的离退休金和养老金的人均水平来表示，可以用来测度精准扶贫综合保障措施中社会保险方面的水平。

②社会救济和补助（*Soas*）：用内蒙古自治区每年为农村地区提供社会救济和补助的人均水平来表示，用来测度精准扶贫综合保障措施中社会救助的水平。

③政策性生活补贴（*Lial*）：用内蒙古自治区每年为农村地区提供政策性生活补贴的人均水平来表示，用来度量精准扶贫综合保障措施中生活补贴的水平。

④报销医疗费（*Medc*）：用内蒙古自治区每年为农村地区报销医疗费用的人均水平来表示，用来度量精准扶贫中健康扶贫的水平。

⑤现金政策性惠农补贴（*Agsu*）：用内蒙古自治区每年为农村地区提供的现金政策性惠农补贴人均水平来表示，用来度量精准扶贫中产业扶贫的水平。

⑥从政府和组织得到的实物产品和服务折价（*Como*）：用内蒙古自治区每年为农村地区提供实物产品和服务折价的人均水平来表示，用来度量精准扶贫中为农村居民提供的其他脱贫服务的水平。

（3）中介变量：本部分研究重点考察全区教育规模（*Edu*）、健康水平（*Heal*）、非农就业量（*Adp*）和消费结构升级情况（*Cons*）4种中介渠道的传导机制，分别用内蒙古自治区每年的在校学生比、居民医疗保健支出、非农就业人员数量和家庭发展与享受型消费占家庭总消费支出的比重来度量。以观测精准扶贫政策引致的内蒙古自治区教育规模、居民健康水平、非农就业人数和消费结构升级的变动对经济自由度的影响机制。

（4）控制变量（*Z*）。内蒙古自治区居民家庭婚姻状况（*Mars*），用内蒙古自治区的离婚率表示；户主文化程度（*Elh*），采用内蒙古自治区居民家庭中户主为高中文化程度以上的占比来表示；按家庭规模划分的住户类型（*Hout*），用 3 人户以上的占比表示；劳动力人数（*Nuow*）用居民家庭平均每户劳动力人数表示。

本书选取内蒙古自治区的统计数据来计量各项指标数值，时间跨度为 2010—2020 年。数据来自《内蒙古统计年鉴》《内蒙古经济社会调查年鉴》《内蒙古调查年鉴》等，个别缺失数据用插值法计算补充。

3.4.2　实证研究与结果分析

1. 变量的描述性统计

相关变量的描述性统计如表 3－17 所示。

表 3－17　　变量描述性统计

变量名称	极小值	极大值	均值	标准差
Efree	181.10	309.10	248.31	45.83
Edu	15.86	17.48	16.88	0.55739
Heal	1176.00	2108.00	1619.00	318.61
Adp	1242.00	1370.00	1317.75	44.25
Cons	25.08	40.12	33.1025	5.73857
Retir	330.00	1445.00	694.50	427.40
Soas	167.00	569.00	324.25	149.48
Lial	38.00	237.00	153.63	62.83
Medc	51.00	258.00	163.25	63.98
Como	3.00	253.00	55.88	83.64
Agsu	711.00	1813.00	1254.38	413.95
Elh	3.00	3.00	3.0000	0.00000
Hout	2.00	3.00	2.7500	0.46291
Nuow	2.03	2.12	2.0813	0.03357
Mars	2.29	4.05	3.0713	0.75743

2. 回归分析

（1）运用 SPSS，通过经济自由度对精准扶贫中各类转移支付进行回归分析，模型回归结果如表 3－18 所示。

表 3－18　　转移支付对经济自由度的回归分析结果

变量	系数	Sig.
Agsu	0.231	0.002
Retir	－0.941	0.265
Soas	0.771	0.034
Lial	0.179	0.025
Medc	0.091	0.039
Como	0.101	0.593

由表 3－18 的回归结果可知，当不存在中介变量时，对内蒙古自治区的经济自由度有显著影响的是现金政策性惠农补贴、社会救济和补助、政策性生活补贴、报销医疗费用。而离退休金和养老金、政府和组织提供的实物产品和服务对经济自由度影响不大，具体分析如下。

现金政策性惠农补贴、社会救济和补助、政策性生活补贴对经济自由度的影响都是正向的，上述转移支付的增加会提升内蒙古自治区居民的经济自由度。究其原因，上述补贴都是直接以现金形式进行的转移支付，能够直接增加农村居民的可支配收入，有效提升经济自由度。报销医疗费用也能够显著提升经济自由度，但由于医疗费用报销仅是一种价格补贴形式的转移支付，并不能将现金直接支付给居民，所以这项措施带来的自由度的提升相较于以现金形式进行的直接转移支付略低。

离退休金和养老金对经济自由度有不显著的负向作用，原因可能是由于某些农村老人拿到离退休金和养老金后就将其贴补给了自己的子代或孙代，自己并没有进行实际支配。本项目团队在农村走访调研时，发现一些农村青年好吃懒做，还爱慕虚荣，要求生活品质。拿着父母的离退休金和养老金银行账户支付车贷月供，导致一部分老人仍处于生活困难的状态。由于此现象并不多见，所以计量结果也并不显著。政府和组织提供的实物产品和服务，由于不属于现金形式的转移支付，需要靠农村居民自身通过经营和学习才能转化为现金收益，导致一部分没有能力掌握生产和经营技术的农民无法将其变现，使这类扶贫措施带来的经济自由度的提升并不显著。

（2）运用SPSS通过中介变量教育、健康、非农就业和消费结构升级情况对精准扶贫中各类转移支付进行回归分析，模型回归结果如表3-19所示。

表3-19 中介变量回归分析

核心解释	中介变量							
	Edu		*Heal*		*Adp*		*Cons*	
	系数	Sig.	系数	Sig.	系数	Sig.	系数	Sig.
Agsu	-1.143	0.134	-1.303	0.015	-0.091	0.354	0.491	0.262
Retir	0.887	0.184	2.103	0.026	-0.795	0.049	-0.061	0.936
Soas	1.446	0.058	-0.057	0.032	-0.332	0.058	0.749	0.456
Lial	-1.030	0.056	0.119	0.060	0.182	0.073	0.185	0.671
Medc	-0.425	0.117	-0.108	0.051	0.071	0.162	-0.228	0.492
Como	0.451	0.121	0.101	0.099	-0.178	0.072	0.125	0.637

由于教育、消费和非农就业在公平部分中已经做过分析。现仅对消费结构升级情况进行研究。由表3-19中的数据可以看出，精准扶贫政策对内蒙古自治区消费结构升级的影响并不显著，即精准扶贫政策并没有明显提高居民家庭享受和发展型消费在总消费中的占比。原因可能是内蒙古自治区物价过高，收入过低，精准扶贫政策的补贴力度在改善消费结构方面仍处于杯水车薪的水准。

（3）运用SPSS，通过经济自由度对中介变量教育、健康、非农就业、消费结构和核心解释变量进行回归分析，模型回归结果如表3-20所示。

表3-20 总体回归分析

变量名称	内蒙古自治区全区		农村地区	
	系数	Sig.	系数	Sig.
Edu	-0.177	0.078	-0.004	0.769
Heal	0.463	0.024	0.074	0.052
Adp	-0.400	0.396	-0.926	0.008

续表

变量名称	内蒙古自治区全区		农村地区	
	系数	Sig.	系数	Sig.
Cons	0.974	0.012	-0.004	0.949
Agsu	-0.048	0.730	0.010	0.698
Retir	0.113	0.463	-0.001	0.973
Soas	0.125	0.534	0.027	0.609
Lial	0.057	0.428	-0.019	0.316
Medc	0.111	0.341	0.109	0.001
Como	0.063	0.334	-0.013	0.281

由表3-20结果可看出，对内蒙古自治区的经济自由度而言，教育和非农就业量有不显著的负向作用，健康和消费结构有显著的正向作用。但就农村的经济自由度来说，教育、非农就业量和消费升级有负向作用，其中非农务工的负向作用最为显著，而健康有显著的正向作用，具体分析如下。

在整个内蒙古自治区范围内，学生在校比例越高，经济自由度越低。因为教育本身有长期投入才能产生经济回报的特点，所以学生在校比例高就意味着更多的居民家庭对教育的投入增加了，家庭的可支配收入和经济自由度必然会降低。但由于长期下教育的回报又会抵消短期的经济自由度下降，所以这种负向影响并不显著。非农就业人数对经济自由度也有不显著的负向作用，原因可能是增加的就业人数大多为农村进城务工人员。这部分人的平均工资差异较小，所以对经济自由度的影响虽然是负向的但也不是很显著。居民医疗保健方面的支出增加，会显著增加经济自由度，原因可能在于医疗保健支出的增加改善了身体健康水平，使劳动时间和劳动质量都有所提升，从而增加了可支配收入。消费结构升级也会对经济自由度产生显著的正向影响，原因在于发展和享受型的消费在家庭总消费中的占比提升会显著提升人力资本的质量，调节心情，使人力资本获得更高回报的收入，同时提升工作效率，进而显著提升了经济自由度。

在内蒙古自治区的农村地区，在校人数比例的上升，对经济自由度有不显著的负向影响。其原因可能是在校人数的增加，加重了农村居民家庭的经济负担，减少了农村家庭的劳动力，导致可支配收入的降低。非农就业量的提升会显著的降低农村居民的经济自由度，原因可能在于大多数农村外出务工人员的工资率较低，加上外出打工的生活成本，其可支配收入甚至有可能会低于在家务农的水平，从而降低了经济自由度。提升医疗保健支出对经济自由度有略微显著的正向影响，原因在于农村居民注重健康医疗问题，可以降低重大疾病的发生率，避免对农业生产的影响，从而提升经济自由度。但农村居民发展和享受型消费在总消费中比例的增加会对其经济自由度有不显著的负面影响，原因在于，由于地理位置和交通通信条件的限制，农村居民想要获取高质量的发展和享受型消费，其难度和支付的成本要高于城镇居民，从而导致了如果增加这部分消费的比例，会对经济自由度有不显著的负向影响。

3. 中介效应检验结果分析

基于前文论述，精准扶贫的各项补贴措施通过直接路径和间接路径作用于经济自由度，其中教育、健康、就业和消费结构在精准扶贫对经济自由度的影响中起中介作用。本书通过前文建立的中介效应模型，检验在以教育、健康、非农就业和消费结构为中介变量下，精准扶贫的各项补贴政策对经济自由度的直接影响和间接影响。中介效应检验结果如表3－21至表3－24所示。

（1）当中介变量为教育时，按照Bootstrap方法进行中介效应检验，对于直接效应和中介效应显著性依据95%置信区间是否包含“0”值作为评判标准，包含“0”值则不显著，不包含“0”值则为显著。估计结果如表3－21所示。

表3－21 中介变量为教育时精准扶贫对经济自由度的直接影响和间接影响

核心解释变量	直接影响				间接影响			
	Effect	SE	LLCI	ULCI	Effect	BootSE	BootLLCI	BootULCI
Agsu	0.3376	0.0125	0.1567	0.0457	－0.0912	－0.0223	0	－0.0152
Retir	0.2678	0.0332	0.1567	0.0887	－0.0056	0.0467	－0.1567	－0.4181
Soas	0.5463	0.0035	0.3315	0.2254	0.2235	0.0356	0.1123	0.1567

续表

核心解释变量	直接影响				间接影响			
	Effect	SE	LLCI	ULCI	Effect	BootSE	BootLLCI	BootULCI
Lial	0.7789	0.0058	0.2234	0.0345	0.1156	0.0236	0.4235	0.1678
Medc	0.3345	0.0467	0.2245	0.3576	0.1789	0.0225	0	0.2254
Como	0.2245	0.0309	0.2249	0.3007	0.1008	0.0379	0.0087	0

依表 3－21 中的检验结果，现金政策性惠农补贴、报销医疗费用、政府和组织提供的实物产品和服务都能直接增加内蒙古自治区居民的经济自由度。这些补贴能够让农民节约生产和日常医疗的成本，从而扩大可支配收入。但这三类补贴却不能通过教育对经济自由度产生影响，原因可能在于对生产和医疗的补贴无法影响居民的教育观念，改变其对教育的投入，所以不能通过教育对经济自由度产生间接影响。

从表 3－21 的结果可知，离退休金和养老金虽然能够对经济自由度产生直接的正向影响，但却通过教育对经济自由度产生了负向影响。原因可能是，离退休金和养老金的增加虽然直接提升了居民的可支配收入，但由于农村老龄化问题的加剧和留守儿童数量的增加，当老年人可支配收入增加时，更让年轻人觉得老年人有能力替自己抚养后代，会有更大概率将自己的孩子放心的留给老年人抚养，这使老年人还需将自己的离退休金和养老金更多地投入孙代的抚养和教育上。从这个角度来看，离退休金和养老金的增加，导致了一些“货币幻觉”，让老年人承担了更重的抚养负担。

表 3－21 中检验结果显示，社会救济和补助、政策性生活补贴不仅能直接正向影响经济自由度，还能通过教育对经济自由度产生正向影响。究其原因，应该是这两项补助中含有专项的教育经费，使农村居民家庭教育在经济方面的困难得到较大缓解。但也从侧面反映出一个问题，只有在设置了教育专项补贴的时候，农村居民才愿意给孩子进行教育投资。如果涉及的是生产或其他方面的补贴，在居民通过生产和健康改善提升了可支配收入的时候，仍然不愿意将多出来的经济收入投入在孩子的教育上。这说明了内蒙古自治区农村居民的家庭教育观念亟待改进。

（2）当中介变量为健康时，按照 Bootstrap 方法进行中介效应检验，对于直接效应和中介效应显著性依据 95% 置信区间是否包含"0"值作为评判标准，包含"0"值则不显著，不包含"0"值则为显著。估计结果如表 3－22 所示。

表 3－22　中介变量为健康时精准扶贫对经济自由度的直接影响和间接影响

核心解释变量	直接影响				间接影响			
	Effect	SE	LLCI	ULCI	Effect	BootSE	BootLLCI	BootULCI
Agsu	0. 2198	0. 0311	0. 1502	0. 3008	0. 2254	0. 0337	0. 1225	0
Retir	0. 3097	0. 0208	0. 1123	0. 3324	0. 4906	0. 0477	0. 1154	0. 1345
Soas	0. 4409	0. 0225	0. 1366	0. 1897	0. 0096	0. 0499	0. 2239	0
Lial	0. 5539	0. 0299	0. 1129	0. 2209	0. 1407	0. 0211	0. 1566	0. 1908
Medc	0. 2209	0. 0133	0. 1345	0. 4299	0. 1102	0. 0107	0. 2988	0. 3906
Como	0. 1088	0. 0226	0. 0967	0. 2232	0. 0966	0. 0214	0. 4306	0

依据表 3－22 和中介效应检验结果的判断可知，精准扶贫政策中的现金政策性惠农补贴、社会救济和补助、政府和组织提供的实物产品和服务对经济自由度有直接且显著的正向影响。对于普通农村居民来说，通过这三项补贴能够降低农村居民的生产和生活的成本，进而可直接增加购买能力。但这三项补贴通过健康影响经济自由的间接效应为 0，意味着这三项补贴无法通过对健康的影响提升居民的经济自由度。原因可能在于：首先，农村居民的健康保健意识较差，生产成本下降带来的经济收益不愿意投入在提升健康水平的支出上。其次，农村居民的健康饮食习惯尚未大规模形成，购买能力提升后也没能力科学搭配合理饮食来改善健康。最后，农村的医疗资源相对匮乏，对于疾病的诊疗水平尚且有限，更不用说对营养观念和认知的指导。从这个三个角度来看，一方面，即使生存性收入提升，农村居民由于某些客观原因和主观原因的限制也不能通过改善健康水平来提升可支配收入和购买能力。另一方面，极度贫困的居民在得到社会救济和补助后，首先满足的是自己和家人的基本生存问题，健康的改善被放在了不那么紧要的位置，所以得到救济和补助后，没法通过改善健康来提升可支配收入。

表3－22中数据显示，退休金和养老金、政策性生活补贴、报销医疗费除了能直接正向影响经济自由度外，还能显著的通过健康对经济自由度有正向的影响。这三项补贴主要是针对居民日常生活和疾病救治的补贴，能够改善和提升农村居民的生活品质和疾病康复率，所以能通过健康正向影响经济自由度。

（3）当中介变量为就业时，按照Bootstrap方法进行中介效应检验，对于直接效应和中介效应显著性依据95%置信区间是否包含“0”值作为评判标准，包含“0”值则不显著，不包含“0”值则为显著。估计结果如表3－23所示。

表3－23　中介变量为就业时精准扶贫对经济自由度的直接影响和间接影响

核心解释变量	直接影响				间接影响			
	Effect	SE	LLCI	ULCI	Effect	BootSE	BootLLCI	BootULCI
Agsu	0.2355	0.0126	0.3566	0.2203	0.1266	－0.0461	0	－0.3211
Retir	0.2214	0.0442	0.4422	0.3987	0.2244	0.0322	0.3318	0.4322
Soas	0.1132	0.0226	0.1344	0.2265	0.2201	0.0531	0	0.4421
Lial	0.4409	0.0398	0.1077	0.4312	0.1098	0.0644	0	0.3312
Medc	0.3316	0.0399	0.1185	0.2398	0.2257	0.0399	0.1189	0.1433
Como	0.5322	0.0219	0.1143	0.0922	0.2235	0.0439	0.0986	0.1203

依据表3－23数据和中介效应检验结果的判断可知，精准扶贫政策中的现金政策性惠农补贴、社会救济和补助、政策性生活补贴对提升经济自由度的直接效应均较为显著，但却没有通过就业影响经济自由度，即这三项补贴不能有效改善非农就业，进而提升农村居民的购买力。原因可能在于：首先，现金性惠农补贴针对的是农业生产性补贴，而内蒙古自治区目前的情况是大批农业耕地都是老年人在耕种。惠农补贴虽降低了农业生产成本，但不能对农民增收产生较大影响，无法吸引青壮年劳动力回村耕种土地，所以无法通过改变非农就业来提升可支配收入。其次，社会救济和补贴、政策性生活补贴改善的仅仅是农村居民的生活消费状况，对其就业的技能和机会没有产生任何影响，所以也无法通过非农就业影响收入。

表3－23中数据显示，离退休和养老金、报销医疗费、政府和组织提供的

实物产品和服务，不仅能够直接提升经济自由度，而且还能通过影响非农就业对经济自由度产生间接的正向影响。分析其中原因：首先，由于离退休和养老金的增加，使农村老年人的生活得到了保障，青年人能够更加放心的外出务工，从而提升了家庭收入。其次，报销医疗费用的提升，能够改善农村人力资本的健康水平，从而让更多的人恢复健康后选择外出务工提升收入。最后，政府和组织提供的实物产品和服务，间接提升了农村人力资本的劳动生产技能和知识文化水平，使其外出务工后更容易找到工作，进而提升家庭收入。但这对促进农业增收来说，并无益处。

（4）当中介变量为消费结构时，按照 Bootstrap 方法进行中介效应检验，对于直接效应和中介效应显著性依据 95% 置信区间是否包含“0”值作为评判标准，包含“0”值则不显著，不包含“0”值则为显著。估计结果如表 3 - 24 所示。

表 3 - 24 中介变量为消费结构时精准扶贫对经济自由度的直接影响和间接影响

核心解释变量	直接影响				间接影响			
	Effect	SE	LLCI	ULCI	Effect	BootSE	BootLLCI	BootULCI
Agsu	0. 3321	0. 0199	0. 2234	0. 3567	-0. 1123	0. 0342	0. 1132	0
Retir	0. 0122	0. 0337	0. 1255	0. 2254	-0. 0981	0. 0229	-0. 1155	-0. 2154
Soas	0. 2266	0. 0455	0. 4213	0. 4415	0. 0089	0. 0551	0. 0	0. 1243
Lial	0. 4891	0. 0133	0. 4408	0. 3255	0. 1077	0. 0134	0. 1125	0. 3907
Medc	0. 2213	0. 0397	0. 1455	0. 2287	0. 0277	0. 0566	0. 1135	0
Como	0. 1167	0. 0296	0. 3318	0. 2986	0. 2209	0. 0688	0. 0	0. 0998

依表 3 - 24 中的检验结果，现金政策性惠农补贴、社会救济和补助、报销医疗费用、政府和组织提供的实物产品和服务都能直接增加内蒙古自治区居民的经济自由度。但这四类补贴却不能通过消费结构升级对经济自由度产生影响，原因可能在于：首先，现金政策性惠农补贴、政府和组织提供的实物产品和服务、医疗费报销虽然能为农民间接增收，但由于消费观念和客观条件的限制，并没能增加农村居民家庭消费中教育和娱乐等发展型消费的比例，从而无法影响到农村的经济结构，实现可支配收入的增加。其次，社会救助和补贴的

对象大多是经济极度贫困的家庭，接受补贴后大多将其用于食品和生活必需品的消费，对发展型消费的影响有限。

从表 3－24 的结果可知，离退休金和养老金虽然能对经济自由度产生直接的正向影响，但这项补贴却通过消费结构的升级对经济自由度产生间接的负向影响。原因可能是，离退休金和养老金让更多照顾留守儿童的老年人承担了更重的负担，所以教育的支出比例有所增加，导致可支配收入的降低。

表 3－24 中数据显示，政策性生活补贴不但能对经济自由度产生直接的正向影响，而且还能通过消费结构的升级对经济自由度产生正向的间接影响。原因是：一方面政策性生活补贴中有教育专项补贴，增加了发展型消费的比例；另一方面，生活补贴的增加，也让农村居民有能力进行更多的娱乐型消费，从而促进了农村地区的经济增长，使农村居民改善了可支配收入。

4. 控制变量回归结果分析

剔除中介效应后，各控制变量对经济自由度的归回结果分析如表 3－25 所示。

表 3－25　控制变量对经济自由度的相关性分析

变量名称	经济自由度	
	系数	Sig.
Nuow	－0.783	0.011
Elh	0.086	0.033
Hout	－0.747	0.017
Mars	－0.900	0.001

由表 3－25 中的回归结果可知，居民家庭平均每户劳动力数量越多，在精准扶贫政策作用下，经济自由度就越低，这是由于随着经济的增长，人们对物质层面和精神层面的需求也越来越高，但农村居民家庭大多是文化水平和收入较低的劳动力，精准扶贫政策中的产业扶贫所起的作用有限，劳动力越多，家庭的总需求总支出就越多，所以导致了购买能力的下降；内蒙古自治区居民家庭中户主为高中文化程度以上的家庭占比越多，精准扶贫政策会使经济自由度

上升，这是由于文化水平的提高，提升了精准扶贫政策中“赋能式”补贴的资金使用效率，进而提升了家庭收入水平；当居民家庭中 3 人户以上的占比越多时，精准扶贫政策对经济自由度有负向的影响；当居民家庭的离婚率较高时，精准扶贫政策的实施会使经济自由度降低，原因是由于离婚后，单亲家庭的农业生产力水平下降导致。

第 4 章

社会福利函数下精准扶贫福利效果评价研究
——以内蒙古自治区为例

第3章对内蒙古自治区精准扶贫政策在公平、效率和自由三个方面产生的影响进行了相关数据分析。由于本书主要在阿马蒂亚·森的理论框架下分析精准扶贫政策的福利效应，在第1章也详细介绍了其他相关的社会福利函数，故本章首先通过使用调查问卷得到的一手数据，描述精准扶贫政策对农村居民产生的福利效果现状，分析微观层面影响农村居民福利水平的主要因素，再利用内蒙古自治区在精准扶贫阶段的公平、自由和效率的数据变化，对阿马蒂亚·森社会福利函数作出多元线性回归分析，并进行总结。同时也对未来内蒙古自治区精准扶贫政策有效衔接乡村振兴战略的社会效果趋势，作出预测分析。

4.1　内蒙古自治区精准扶贫政策的个人福利效应

阿马蒂亚·森的能力方法理论的核心概念是功能和能力。所谓功能（Functions）是指一个人获得的成就，即他或她能够做某事或已经处于某种状态。功能包括一个人生活中的活动或所处的状态，比如拥有健康的身体、舒适的住所、良好的人际关系和工作关系以及能够得到适当的休闲和接受教育等。能力（Capabilities）是功能的派生概念，能力蕴含着自由，是一个人拥有实现各种功能组合的潜力以及拥有在不同生活方式中作出选择的自由。拥有能力意味着一个人获得实质自由，成为“真正的人”。简单地说，根据阿马蒂亚·森的界定，功能测量已实现的福利水平，能力测量潜在的或可行的福利水平。为了对福利测量提供全新的思路，阿马蒂亚·森提出了功能和能力空间内的福利测量，即从功能和能力两个层面来测量福利。所以，个人的福利不一定由他所拥有的财富、基本物品或资源以及所产生的效用来决定，而是取决于他所能够实现的功能以及实现功能的能力集合。

《中共中央 国务院关于打赢脱贫攻坚战的决定》中明确指出，到 2020 年，稳定实现农村贫困人口不愁吃、不愁穿，义务教育、基本医疗和住房安全有保障，实现贫困地区农民人均可支配收入增长幅度高于全国平均水平，基本公共服务主要领域指标接近全国平均水平。内蒙古自治区的精准扶贫目标在国家层面上又增加了产业扶持、就业帮扶，确保稳得住、有就业、逐步能致富等目标。其本质就是要提升低收入人群创造财富的能力，拓展其能够实现的功能以及实现功能的能力集和。故本部分研究基于阿马蒂亚·森的理论框架来对内蒙古自治区精准扶贫政策的社会福利效果现状进行分析。

4.1.1 问卷设计

基于上述分析和阿马蒂亚·森的福利判断理论框架，结合内蒙古自治区的实际情况，本部分的研究问卷内容共分为住房状况、休闲状况、人际关系状况、教育状况、健康状况、工作满意度和基本信息 7 个方面。实际上，人们珍视的功能包括很多方面，如获得充足的营养、接受教育、读写能力、身体健康、有良好的人际关系、旅游、体面的交往、期望实现更高的愿望、从事有意义的工作、无污染的生存环境、能够自由参与活动并发表意见等。但是，为了把握农村居民的功能状况的主要方面，结合内蒙古自治区实际情况，本书主要从住房状况、休闲状况、人际关系状况、教育状况、健康状况、工作满意度 6 个方面对农村居民的功能进行测量，以分析其福利水平。

表 4－1 对本部分中所使用的观测变量进行了说明。住房功能选取的变量包括住房位置、周围配套设施、住房类型、饮用水类型、住房周边环境、住房安装设施；休闲功能选取的变量包括休闲场所、运动休闲方式、购买服饰场所以及聚餐人均消费；人际关系功能选取的变量包括记忆力、理解力及表达力；健康状况选取的变量包括体育锻炼频率、睡眠状况及看病频次；教育功能选取变量包括子女上学路程、子女学校类型、对子女学校教育满意程度、子女学费支付困难程度；工作满意度功能选取的变量包括报酬满意度、对社会福利补贴满意度及自身和家人发展前景。为使测量指标具有可比性，表 4－1 在相同尺度下对原始代码进行了重新赋值，量表问题按照正向从大到小进行赋值，非量表问题按照选项的差异进行赋值，对于多选题的赋值问题，本书在表中给出了使用说明。

表 4－1　住房、休闲、人际、健康、教育及工作六方面功能的指标说明

功能类别	指标	原始代码	重新赋值	使用说明
住房状况	住房位置	市郊、县城、集镇、农牧区	4、3、2、1	简单加总
	周围配套设施	公交站点、学校（包括幼儿园）、医院、超市或商业区、银行	1、1、1、1、1	
	住房类型	回迁房小区、楼房、砖瓦房、毛坯房、其他结构	5、4、3、2、1	
	饮用水类型	有全套水净化设备、自来水、深井水、泉水	4、3、2、1	
	住房周边环境	无物业管理、垃圾清运不及时、周边交通无秩序、无安保措施、基本无绿化、无公园和广场等休闲设施	5、1、1、1、1、1	先简单加总，再用 5 减去总和
	住房安装设施	门铃、防盗门、对讲机、上网宽带	1、2、1、1	简单加总
休闲状况	休闲场所	家中及其他、棋牌室、酒吧或水吧、足疗馆、茶馆	1、2、3、4、5	简单加总
	运动休闲方式	散步或跑步、爬山或球类、游泳或垂钓、健身房、自驾车旅游	1、2、3、4、5	简单加总
	购买服饰场所	夜市、集市、批发市场、中档商场、专卖店、高档商场	1、1、1、3、3、5	根据具体组合情况赋值
	聚餐人均消费	20 元以下、20—50 元、50—100 元、1000—2000 元、2000—5000 元、5000 以上	1、2、3、4、5、6	
人际关系状况	记忆力	很容易、比较容易、一般、不容易、很不容易	5、4、3、2、1	
	理解力	很容易、比较容易、一般、不容易、很不容易	5、4、3、2、1	
	表达力	很容易、比较容易、一般、不容易、很不容易	5、4、3、2、1	
教育情况	子女上学路程	非常近、比较近、一般、有点远、非常远	5、4、3、2、1	
	子女学校类型	重点、普通、职业学校	3、2、1	
	对子女学校教育满意程度	非常满意、比较满意、一般、不太满意、非常不满意	5、4、3、2、1	
	子女学费支付困难程度	非常轻松、比较轻松、一般、不太轻松、非常困难	5、4、3、2、1	

续表

功能类别	指标	原始代码	重新赋值	使用说明
健康状况	体育锻炼频率	每天、经常、有时、很少、从不	5、4、3、2、1	
	睡眠状况	很好、好、一般、差、很差	5、4、3、2、1	
	去年看病频率	0 次、1—2 次、3—4 次、5—10 次、10 次以上	5、4、3、2、1	
工作满意度	报酬满意度	非常丰厚、比较丰厚、一般、不满意、很不满意	5、4、3、2、1	
	对社会福利补贴满意度	非常满意、比较满意、一般、不满意、很不满意	5、4、3、2、1	
	自身及家人发展前景评价	很好、比较好、一般、不好、很不好	5、4、3、2、1	

4.1.2　问卷的描述性分析

本书项目组于 2021 年 10 月至 2022 年 2 月对内蒙古自治区 9 个地级市、3 个盟的农村居民进行了典型样本的线上问卷调研，总体来看，样本分布比较均匀，且具有一定的代表性。

此次问卷调研主要包括 7 个部分：住房状况、休闲状况、人际关系、教育状况、健康状况、工作满意度和基本信息。调查回收的样本为 845 份，其中有效样本为 786 份，回收样本的有效率为 93%。表 4－2 对问卷的基本信息进行了描述性统计分析，由此可看出问卷样本的人群分布。

表 4－2　　　　基本信息和变量说明及样本分布

变量	定义	编码	样本数或频数	比率或频数
性别	男性	1	415	52.79%
	女性	2	371	47.21%
婚姻状况	已婚	1	522	66.41%
	未婚	2	264	33.59%
年龄	16—25 岁	1	180	22.90%
	26—35 岁	2	226	28.75%
	36—45 岁	3	156	19.86%

续表

变量	定义	编码	样本数或频数	比率或频数
年龄	46—55 岁	4	128	16.28%
	55 岁以上	5	96	12.21%
学历	小学及以下	1	22	2.79%
	初中	2	146	28.75%
	高中或职高	3	202	18.58%
	大专	4	223	28.37%
	大学	5	150	19.08%
	研究生	6	30	3.82%
	博士研究生及以上	7	8	1.02%
平均月收入	800 元以下	1	86	10.94%
	800—1000 元	2	140	17.81%
	1000—1500 元	3	263	33.46%
	1500—2000 元	4	125	15.90%
	2000—3000 元	5	62	7.88%
	3000—4000 元	6	55	6.99%
	4000—5000 元	7	24	3.05%
	5000—8000 元	8	16	2.03%
	8000—10000 元	9	10	1.27%
	1 万元以上	10	5	0.63%
就业状况	有相对稳定的工作	1	447	56.87%
	经常更换工作	2	224	28.50%
	自愿失业	3	66	8.40%
	非自愿失业	4	49	6.23%
职业	农牧业	1	134	17.05%
	企业职员	2	86	10.94%
	科教文体卫职员	3	25	3.18%
	个体经营者	4	68	8.65%
	私营业主	5	102	12.97%
	技术人员	6	29	3.68%
	工人	7	293	37.27%
	自由职业者	8	42	5.34%
	其他	9	7	0.89%

4.1.3 研究方法和模型

本书使用熵值法确定出微观层面衡量福利水平各个指标的权重，以此分析影响农村居民个人福利水平的重要因素，然后根据测算出的权重信息，计算目前内蒙古自治区农村居民的个人福利指数。

(1) 以熵值法确定指标权重。依据指标的观测值提供的信息来确定指标的权重，即为熵值法。具体来说，熵值法就是一个原始的指标数据的矩阵形式，由 $m \times n$ 组成，m 是指功能类别，n 是评价指标。

$X = (X_{ij})_{m \times n}$

首先，建立数据矩阵：

$$A = \begin{bmatrix} X_{11} & \cdots & X_{1m} \\ \vdots & \ddots & \vdots \\ X_{n1} & \cdots & X_{nm} \end{bmatrix}_{n \times m}$$

其中，X_{ij} 是第 i 类功能的第 j 个指标的数据。

作为衡量中国居民社会福利状况的社会福利指数，当所选指标增加时，它将被替换为正向指标法：

$$X_{ij}^{P} = \frac{x_{ij} - \min(x_{ij})}{\max(x_{ij}) - \min(x_{ij})}, i = 1,2,3\cdots n; j = 1,2,3\cdots m$$

当选择的指标值下降，有利于提高社会福利水平时，将其代入负向指标法：

$$X_{ij}^{P} = \frac{\max(x_{ij}) - x_{ij}}{\max(x_{ij}) - \min(x_{ij})}, i = 1,2,3\cdots n; j = 1,2,3\cdots m$$

通过对第 i 个方案在指标 j 下的权重进行求和计算，得出该指标的权重如下：

$$P_{ij} = \frac{x_{ij}}{\sum_{i=1}^{n} x_{ij}}, j = 1,2,3\cdots m$$

计算第 j 项指标的熵值为：

$$e_j = -k \times \sum_{i=1}^{n} P_{ij}\log(P_{ij}), k > 0 \text{ 且 } k = \frac{1}{\ln(m)}, \text{因此有 } e \subset [0,1]$$

因此，对于指标 j 而言，差异的增大表示熵值的减小，即对整体指数的影响将增大，这意味着它有更大的影响力。令 $d_j = 1 - e_j$ 表示指标 j 的影响程度，则可知其权数为：

$$W = \frac{d_j}{\sum_{j=1}^{m} d_j}, j = 1,2,3\cdots m$$

对调研所得到的数据进行标准化处理，将数据化为分布在［0,1］的数值，消除数据之间的量纲影响，个别数据缺失的年份通过插值法估算得到，以考虑计算公式的有意义性为前提，某些通过数据库中 IN 无法取得的零值采用最小值 0.0001 进行运算。将各个指标代入熵值法运算得出各级权重，如表 4－3 所示。

表 4－3　住房、休闲、人际、健康、教育及工作六方面指标权重

功能类别	指标	指标权重
住房状况 X_1（0.166）	住房位置	$X_{11} = 0.15$
	周围配套设施	$X_{12} = 0.37$
	住房类型	$X_{13} = 0.18$
	饮用水类型	$X_{14} = 0.12$
	住房周边环境	$X_{15} = 0.07$
	住房安装设施	$X_{16} = 0.11$
休闲状况 X_2（0.166）	休闲场所	$X_{21} = 0.28$
	运动休闲方式	$X_{22} = 0.22$
	购买服饰场所	$X_{23} = 0.13$
	聚餐人均消费	$X_{24} = 0.37$
人际关系状况 X_3（0.166）	记忆力	$X_{31} = 0.15$
	理解力	$X_{32} = 0.37$
	表达力	$X_{33} = 0.48$
教育情况 X_4（0.166）	子女上学路程	$X_{41} = 0.15$
	子女学校类型	$X_{42} = 0.27$
	对子女学校教学质量满意度	$X_{43} = 0.46$
	子女学费支付困难程度	$X_{44} = 0.12$

续表

功能类别	指标	指标权重
健康状况 X_5（0.166）	体育锻炼频率	X_{51} = 0.25
	睡眠状况	X_{52} = 0.33
	去年看病频率	X_{53} = 0.42
工作满意度 X_6（0.166）	收入满意度	X_{61} = 0.27
	对社会福利补贴满意度	X_{62} = 0.26
	自身及家人发展前景评价	X_{63} = 0.57

如表4－3所示，第一，在住房状况方面，最能影响农村居民个人主观福利水平的是周围配套设施，其次依次是住房类型、住房位置、饮用水类型、住房安装设施、住房周边环境，说明农村居民比较看重学校、医院、交通站点等公共设施是否便利，这个因素能最大程度决定农村居民在住房状况方面的福利水平。第二，在休闲状况方面，对农村居民个人主观福利水平影响最大的是聚餐人均消费，其余依次为休闲场所、运动休闲方式和购买服饰场所，说明农村居民在休闲娱乐方面，更注重实际能享受到消费品和服务的数量。第三，在人际关系方面，农村居民最看重自己的表达力，其次是理解力和记忆力，说明农村居民在人际交往方面比较看重人情世故，重视自己能在一个人际沟通顺畅的环境中生活。第四，在教育情况方面，农村居民更注重孩子在校的教学质量，最不看重的是子女教育带来的经济负担。第五，健康状况方面，农村居民最注重的是生病次数，即身体是否会频繁出现疾病，最不在意的是体育锻炼频率。第六，在工作满意度方面，农村居民最看重的是自己和家人未来的发展前景，其次是收入满意度和对社会福利补贴的满意程度，这说明对于农村居民而言，他们更关心自己和子女能不能得到公平的发展机会，而非单纯的收入和转移支付水平的提升。

（2）农村居民个人福利综合指数的计算。为了研究的严谨性与合理性，本书对调查问卷数据进行标准化处理后，通过表4－3中权重的测算，可测得2021年内蒙古自治区农村居民的个人福利指数为0.58。

4.2　内蒙古自治区精准扶贫政策的社会福利效应

功利主义社会福利函数可分为简单社会福利函数与一般社会福利函数，体现了纵向的公平性质与收入平均分配的思想，主要有伯格森—萨缪尔森社会福利函数、贝尔努利—纳什社会福利函数、精英主义社会福利函数、罗尔斯社会福利函数、阿特金森社会福利函数等。本书使用的是阿马蒂亚·森（Amartya Sen）社会福利函数对精准扶贫政策的福利效果进行研究。

阿马蒂亚·森对以萨缪尔森为代表的社会福利函数理论进行了批判，认为仅用个人效用指标来衡量社会福利存在着缺陷，功利主义将导致“反公平现象”。因此阿马蒂亚·森提出了“能力”中心观取代幸福的效用观。阿马蒂亚·森提出的社会福利函数反映了社会成员拥有的均等经济资源，即：

$$W_t = \overline{R}_t(1 - Gini_t)$$

W_t 表示福利量，R_t 是 t 年的人均收入，$Gini_t$ 是 t 年的基尼系数，反映贫富差距状况，其值越大，贫富差距越大，反之，则较小；$1 - Gini_t$ 反映了社会的平等化状况。

结合阿马蒂亚·森的社会福利函数公式与基尼系数测算社会福利水平如表 4 - 4 所示。

表 4 - 4　2010—2020 年内蒙古自治区人均收入、基尼系数与社会福利水平变化情况

年份	人均收入（元）	基尼系数	社会福利
2010	12287	0.47545	6445.15
2011	14437	0.36850	9116.97
2012	16583	0.46230	8916.68
2013	18694	0.44444	10385.64
2014	20559	0.45781	11146.88
2015	22310	0.48894	11401.75
2016	24127	0.44842	13307.97

续表

年份	人均收入（元）	基尼系数	社会福利
2017	26212	0.47011	13889.48
2018	28376	0.41480	16605.64
2019	30555	0.45600	16621.92
2020	31497	0.39935	18918.67

数据来源：2011—2021 年《内蒙古自治区统计年鉴》。

表 4 -4 中人均收入是根据《内蒙古自治区统计年鉴》中城镇、农村人口比重以及城市人均可支配收入、农村的人均纯收入加权算得。从表 4 -4 中可知，2011—2020 年内蒙古自治区社会福利水平呈持续上升趋势，但在 2014 年内蒙古自治区实施精准扶贫政策后，从 2015 年到 2020 年，社会福利明显增加，精准扶贫对社会福利改善的效果有所增强。

依据表 4 -4 作出图 4 -1 后可清晰地看出 2014 年后，内蒙古自治区社会福利水平增加的速度明显上升。

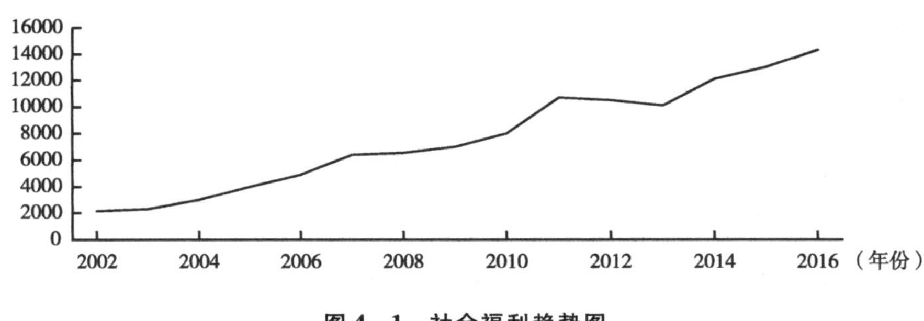

图 4 -1　社会福利趋势图

4.3　内蒙古自治区精准扶贫政策的福利效果测度

4.3.1　计量模型构建

本书采用线性回归法，利用 SPSS 建立多元线性回归方程，联合相关系数和显著性水平进行数据分析。构建线性计量模型如下：

$$W_t = \beta_0 + \beta_1 Gini_t + \beta_2 y_t + \beta_3 Efree_t + \varepsilon \quad (4-1)$$

其中，W_t 代表阿马蒂亚·森的社会福利量；$Gini_t$ 表示基尼系数，y_t 表示经济增长率，$Efree_t$ 表示经济自由度；β_0 是回归常数，β 表示回归系数。

4.3.2　构建数据分析体系

结合第 3 章和本章的各项数据，对阿马蒂亚·森社会福利函数中各指标进行定量分析，得出各指标对于福利函数的贡献。将数据导入 SPSS 软件中，进行多元线性回归，结果如表 4－5 所示。

表 4－5　　普通最小二乘法回归结果

变量	$Gini_t$	y_t	$Efree_t$
标准系数	－27680.155	26.812	55.129
Sig.	0.000	0.393	0.000
拟合优度 R^2	0.999		
调整的拟合优度 R^2	0.999		
F	2310.211		
Prob ＞ F	0.000		

由表 4－5 可知拟合优度为 0.999，调整的拟合优度值为 0.999，值越接近于 1，拟合度越高，本表中的拟合度较高。$F = 2310.211$ 是对回归模型整体的方差检验，*Sig.* 表示回归系数显著性检验中的概率，$Sig. = 0.000 < 0.01$，表示因变量与自变量是显著线性相关的。

根据系数结果得出 $\beta_1 = -27680.155$，$\beta_2 = 26.812$，$\beta_3 = 55.129$，则完整多元回归方程为：

$$W_t = 12893.267 - 27680.155 Gini_t - 26.812 y_t + 55.129 Efree_t$$

由式（4－1）可知，y 所代表的社会福利水平与基尼系数负相关，即基尼系数越小，社会福利水平越高；与人均产出增长率正相关，即人均产出增长率越高，社会福利水平越高；与经济自由度正相关，即经济自由度越高社会福利水平越高。

基尼系数、经济增长率和经济自由度的 *Sig.* 分别为 0.000 <0.01、0.384 > 0.01、0.000 <0.01。当 *Sig.* 越小而回归系数越大时，自变量对因变量的影响越显著，因此三个指标都在不同程度上增加了社会福利。首先，从公平方面来看，结合第 3 章的分析可知，精准扶贫政策对于社会收入分配公平的促进较大，而在计量分析中，公平在线性回归分析中对社会福利水平影响的显著性较明显且回归系数的值也最大。所以精准扶贫政策实施后，对于从公平方面提升社会福利水平的贡献度最大。其次，从效率方面来看，在第 3 章的分析中，精准扶贫对提升经济效率的促进不是很明显。本章的线性回归分析中，经济效率的提升却对提高社会福利水平的影响亦不显著。最后，从经济自由度方面来看，第 3 章的分析中，精准扶贫对经济自由度的促进效果不甚明显，但在本章的回归分析中，显著系数明显且回归系数也较大，表明经济自由度对提升福利水平的影响较为显著。

4.4 巩固脱贫攻坚成果和乡村振兴战略的社会福利效果预测

在其他条件不变的情况下，依据现行的内蒙古自治区巩固精准扶贫成果和乡村振兴战略标准，按照经济规律，进行数据模拟，模拟未来 5 年的经济发展趋势，分析内蒙古自治区未来 5 年乡村振兴的政策效果。

利用近 5 年的基尼系数、经济增长率、人均可支配收入增长率与福利水平，通过 Stata 软件进行根据时间序列模型的模拟，预测 2022—2026 年的上述指标的变化趋势，结果如表 4 - 6 所示。

表 4－6　　2022—2026 年内蒙古自治区基尼系数、经济增长率、经济自由度与福利水平预测

年份	基尼系数	经济增长率	经济自由度	福利水平
2022	0.384856	0.07	145.9978	15187.234
2023	0.419877	0.067	144.3369	12980.434
2024	0.420321	0.068	142.5489	12109.215
2025	0.403854	0.066	138.4547	10765.436
2026	0.419951	0.065	133.5982	9676.346

由表 4－6 可以看到，2022—2026 年基尼系数、经济增长率、经济自由度有这样一个趋势：在 2022 年由于某些原因导致乡村振兴战略达到了瓶颈，所以经济增长率、经济自由度开始下降，基尼系数开始扩大。从表格中不难看出，乡村振兴在 2022 年会对公平有着显著效果，社会福利水平也较高，但在 2022 年后，经济增长率和社会福利量开始有所下降，基尼系数基本保持一个稳定的水平。

依据上述对未来各变量趋势的预测，本书认为导致上述结果的原因可能有如下几点：第一，预测没有考虑价格的因素。5 年间社会经济的发展势必带动价格水平的变动，在预测中由于未考虑到价格带来的影响，所以预测的趋势可能会产生一些变化。第二，未考虑到居民消费需求的变化问题。随着社会分工的不断细化，居民不但会对消费总量的要求有所提升，还会对消费的种类和结构有所要求，所以在不考虑消费变化的情况下对政策效果进行预期，也会产生一定偏差。第三，没有考虑一些类似新冠肺炎疫情突发事件带来的影响。第四，巩固脱贫攻坚和乡村振兴战略中，政府一味地对低收入群体进行帮扶而没有对其进行相应的内生激励，很难调动低收入群体增加劳动供给的积极性，容易导致养懒汉的现象。第五，预测没有考虑对贫困群体进行进一步精准识别的问题。在精准扶贫政策的实施过程中，存在一定的浑水摸鱼的“假”贫困户也在所难免，如果在未来 5 年中不对识别政策进行改进，则精准扶贫政策的效果不会特别理想。第六，预测没有考虑 5 年间内蒙古自治区自然条件和气候的变化带来的影响。

第 5 章

新时代全面推进乡村振兴战略的政策建议

依据本书前4章的分析可知，社会福利水平的提升应建立在公平、效率和自由三大评价指标改善的基础之上。内蒙古自治区精准扶贫政策实施以后，对公平、效率和自由的确有不可忽视的促进作用，在内蒙古自治区这三大指标对提升社会福利水平的影响也较为显著。根据实证分析和预测得出的结果，内蒙古自治区精准扶贫政策的实施过程中也存在着一些明显的问题。本章就针对前述章节的分析，将这些问题进行总结，并提出相关的政策建议，旨在让精准扶贫政策最大化地提升社会福利水平。

5.1　内蒙古自治区精准扶贫存在的主要问题

5.1.1　政策效果受突发事件影响较大

由第 3 章中对内蒙古自治区 2010—2020 年各主要经济指标变化情况的总结分析发现，2015 年和 2018 年精准扶贫政策和乡村振兴战略相继实施后，人均产出增长率、消费增长率和基尼系数在 2015—2019 年都维持在一个较稳定的理想水平。但 2020 年暴发新冠肺炎疫情后，居民人均产出增长率、消费增长率相较于 2019 年都有大幅度的下降，城镇和农牧区的基尼系数都有明显上升。其原因是受新冠肺炎疫情影响而导致的变化，由此看出，内蒙古自治区巩固脱贫攻坚和乡村振兴战略的政策效果，受突发事件冲击较大。

5.1.2　医疗费用报销范围有待进一步拓展

基于第 3 章中精准扶贫政策对内蒙古自治区经济效率的影响可知，扶贫政策中报销医疗费用这一项目，对经济增长的影响是负向的。当医疗报销费用上升时，一方面是由于报销范围扩大了，另一方面说明需要报销医疗费用的农村居民在增加。在医疗报销政策没有明显变动时，需要报销医疗费用的农村居民数量增加就意味着内蒙古自治区农村劳动力的健康状况不是很理想，疾病发生率较高。所以，针对农村居民的医疗报销政策若只针对发病之后的救助，显然不能满足社会经济的需要。

5.1.3 农村劳动力老龄化比例过大和青壮年劳动力流失严重

第一，基于第3章中精准扶贫政策对内蒙古自治区经济效率的影响可知，为农村居民提供现金政策性惠农补贴对人均产出增长率有负向的影响。由于农村大批青壮年劳动力倾向于进入城市谋生，导致从事农业生产的主力变成了老年人。而老年人生产劳动能力有限，导致农田被大规模出租甚至荒废，农民没能从惠农补贴中得到真正的实惠。在本书项目组的持续性调研中也发现，大部分农村中老年人也非常期待自己的子女能走出农村，基于多方面的原因非常不希望子女跟自己一样继续从事农业生产。这就导致了惠农补贴资金使用效率低下，与经济增长呈反向变动趋势。

第二，离退休金和养老金、社会救济和补助对基尼系数的影响是正向的，即会扩大收入分配差距。因为农村老龄化问题严重，这部分补贴大多被老年人领取。但这类补贴属于直接性转移支付，无法使老年人提升自身创造财富的能力。例如，有些农牧区青壮年劳动力相对较为充足，产业扶贫的经济效益就会高于老龄化问题比较严重的地区，从而加大了收入分配差距。

第三，农村老龄化人口比例增加，青壮年劳动力流失严重，导致离退休金和养老金对经济自由度有不显著的负向作用。一方面，本项目团队在调研中发现一小部分农村青年好吃懒做，还爱慕虚荣，要求生活品质。拿着父母的离退休金和养老金银行账户支付车贷月供，导致一部分老人仍处于生活困难的状态。由于此现象并不多见，所以计量结果也并不显著；另一方面，离退休金和养老金通过教育的中介效应对经济自由度产生了负向影响，原因可能是，离退休金和养老金的增加虽然直接提升了居民的可支配收入，但由于农村老龄化问题的加剧和留守儿童数量的增加，当老年人可支配收入增加时，更让年轻人觉得老年人有能力替自己抚养后代，会有更大概率将自己的孩子放心的留给老年人抚养，这使老年人还需将自己的离退休金和养老金更多地投入孙代的抚养和教育上。从这个角度来看，离退休金和养老金的增加，导致了一些“货币幻觉”，让老年人承担了更重的抚养负担。以上两方面的原因导致了农村老年人拿到精准扶贫中针对老年人的补贴后，都补贴给了外出务工的子女，而并没有增加自身的可支配收入。

5.1.4　农民的文化水平严重制约先进农业生产技术创收效果

基于第 3 章中精准扶贫政策对内蒙古自治区经济效率的影响可知，为农村居民提供实物产品和服务，会阻碍经济的增长。第一，农村老龄化人口比例过高，导致在扶贫过程中，即使为其提供了生产物资和技术培训，老年人也无法在短时间内掌握，从而使这部分投入效率低下。第二，基于第 4 章的调研数据显示，农村居民的整体文化水平依然不高，在接受政府提供的生产技术培训时，普遍认为难以听懂和理解。这也阻碍了新农业生产技术为其创收的效果，导致了投入效率的低下。第三，在第 3 章分析影响基尼系数的控制变量时发现，户主文化水平的提升，有助于精准扶贫政策对收入分配差距的调节，使基尼系数的值下降，这也充分说明了文化水平对精准扶贫政策效果的影响。

5.1.5　直接性转移支付对公平的调节作用不理想

由第 3 章中精准扶贫政策对内蒙古自治区公平的影响实证分析中可以发现，离退休金和养老金、社会救济和补助这两类转移支付对基尼系数的影响是正向的，即这两类补贴拨付的越多，越容易造成贫富差距的扩大。而现金政策性惠农补贴、政策性生活补贴、政府和组织提供的实物产品和服务、报销医疗费用对基尼系数的影响是负向的，增加这 4 类补贴，可缩小收入分配差距。因为这 4 类补贴中有很多专项资金都是针对提升农村居民的生产、教育和健康医疗的帮扶，能够拓展其生产技能、受教育水平和获得健康等方面的可行能力，属于“造血式”扶贫。农村居民在提升了健康水平、教育水平和生产技能后，能持续为自身带来较高的经济收益，从而有效缩小城乡收入分配差距。而直接的转移支付只能缓解暂时的经济压力，不能使被帮扶对象具备创造更大收益的能力，久而久之，随着经济的增长，会导致收入分配差距不断扩大。

5.1.6 农村居民家庭教育观念落后、教育资源匮乏导致政策效果不佳

第一，第 3 章通过影响基尼系数的中介变量教育对精准扶贫中各类补贴进行回归分析的结果显示，现金政策性惠农补贴、政策性生活补贴和报销医疗费用对教育的影响是负向的，即增加这三类补贴时，会让内蒙古自治区在校学生比例下降。而离退休金和养老金、社会救济和补助、政府和组织提供的实物产品和服务对教育的正向影响并不显著。第 4 章的调研结果中显示，农村居民目前在孩子上学方面的经济压力并不是很大，大多数人并不关注孩子上学给家庭带来的经济压力。那为什么更多的补贴还会造成在校生比例下降呢，原因就在于农村居民的教育观念有待改善。本书项目组在与村干部进行座谈时发现，一部分低收入人群在接受了政府的补贴后滋生了懒惰的心理，他们认为即使不劳动，也有国家兜底养活，生病和衣食住行都有政策进行补贴，也不至于活不下去，从而让这部分人认为读书也没什么用，反正能靠政府生活的错误思想。

第二，在第 3 章通过基尼系数对中介变量教育、健康和就业及核心解释变量进行回归分析的结果显示，内蒙古自治区范围内，教育对基尼系数的影响是负向的，且农村地区的教育对基尼系数的影响也不显著，而且在后续的中介效应分析中还显示，社会救济和补助、政策性生活补贴通过教育扩大了内蒙古自治区的收入分配差距。这就意味着内蒙古自治区的精准扶贫政策，并没有通过教育达到调节收入分配差距的目的。周强（2021）研究发现，在市场机制有效配置资源的作用下，“造血式”扶贫的减贫利益更多地流向了在教育、医疗健康、非农就业和基础设施利用等方面均占优势的家庭，且明显提高了具有要

素禀赋优势家庭收入的向上流动，从而在一定程度上扩大了地区内的收入差距。说明对居民家庭的帮扶如果想通过教育实现初次分配的调节，必须是这个家庭具有比较先进的教育观念。

第三，在第 3 章分析精准扶贫政策通过教育影响经济自由度的中介效应时发现，现金政策性惠农补贴、报销医疗费用、政府和组织提供的实物产品和服务，无法通过教育对经济自由度产生影响。原因除了在于对生产和医疗的补贴无法影响居民的教育观念外，还有两个重要的原因就是：一方面，农村地区的教育资源相对匮乏，很多地方都留不住老师，支教的老师待一年就回去了。新调任的青年教师对农村的待遇不满意，基本也是攒够几年教学经验就想方设法调回城里。农村学校就变成了练兵场，教育质量必然无法得到保障。所以不能从根本上提升农村劳动力资源文化水平较低的现状，就更加改善不了其可支配收入。另一方面，由于农牧区普遍文化水平较低，教育观念落后。家庭中的父母文化水平大部分不高，无法指导孩子的学习，也没有人告诉父母如何去跟孩子相处，正确激励他们的学习热情，为他们制定高效的学习计划。生产性补贴和医疗补贴虽然直接增加了家庭可支配收入，但却无法改变家庭教育水平低下的状况，最终的结果就是无法从人力资本水平的提升上间接增加可支配收入。

第四，第 3 章分析精准扶贫政策通过教育影响经济自由度的中介效应时发现，社会救济和补助、政策性生活补贴不仅能直接正向影响经济自由度，还能通过教育对经济自由度产生正向影响。这间接说明了只有在设置了教育专项补贴的时候，农村居民才愿意给孩子进行教育投资。如果涉及的是生产或其他方面的补贴，在居民通过生产和健康改善提升了可支配收入的时候，仍然不愿意将多出来的经济收入投入在孩子的教育上。这说明了内蒙古自治区农村居民的家庭教育观念亟待改进。

第五，在第 4 章调查问卷的结果分析中也显示，农村居民在子女教育方面最看重教学质量，也从侧面反映出农牧区教学资源匮乏、教学质量有待提高的问题。

5.1.7 农村居民健康保健和疾病预防意识欠缺、健康医疗资源匮乏导致政策效果不佳

第一，第3章通过影响基尼系数的中介变量健康对精准扶贫中各类补贴进行回归分析的结果显示，一方面，现金政策性惠农补贴对健康的影响是负向的，政府和组织提供的实物产品和服务对健康的影响并不显著。这说明农村居民在得到生产性补贴，有了提升收入的能力后，却减少了对医疗保健方面的支出。另一方面，在后续中介效应的分析中也显示，社会救济和补助、政策性生活补贴和报销医疗费通过健康扩大了收入分配差距。分析其原因，与教育观念落后引发的转移支付扩大了收入分配差距的原因一致，在市场机制有效配置资源的作用下，“造血式”扶贫的减贫利益更多地流向了在教育、医疗健康、非农就业和基础设施利用等方面均占优势的家庭，且明显提高了具有要素禀赋优势家庭收入的向上流动，从而在一定程度上扩大了地区内的收入差距。第4章调研问卷结果分析中也显示，农村居民并未将每周的定期锻炼看成是影响健康的重要因素。所以，农村居民的健康保健意识欠缺，导致了精准扶贫政策不能通过健康扶贫来实现初次分配的调节。

第二，第3章分析精准扶贫政策通过健康影响经济自由度的中介效应时发现，现金政策性惠农补贴、社会救济和补助、政府和组织提供的实物产品和服务，无法通过健康影响经济自由度。这意味着农村居民即使在生产性补贴带来了收入水平提升后，并没有靠提升健康人力资本而获取更多的可支配收入，实现更大的经济自由度。除健康和疾病预防意识低这个原因外，还有两个比较重要的原因：一方面，农村居民文化水平较低，制约了他们为自己制定科学、营养和健康的饮食搭配及生活计划；另一方面，农村健康医疗条件的匮乏，也让农村居民不能及时得到与健康和疾病预防相关的专业指导。

5.1.8　精准扶贫政策效果对农村青壮年劳动力吸引力较差

从第 3 章的分析中不难发现，生产性补贴、实物产品和服务对经济增长、公平和经济自由度都没有显著的正向影响。这就说明给农民发放的物质资本和生产技能的培训，并没有让农村居民实现增加收入的目的。这就说明精准扶贫政策带来的收益，没能达到农村青壮年劳动力的满意程度。究其原因，首先，农村地区城市化水平低，虽然精准扶贫政策对农村地区的公共产品质量和数量改善都较大，但由于客观原因的限制，农村地区的公共设施和服务相对城市仍比较落后，尤其是教育和医疗。在大数据时代，年轻人容易受到城市中高品质公共设施和服务的吸引，从而不愿为了一些惠农补贴和新的生产技术留在农村。其次，精准扶贫和乡村振兴过程中进行的一些产业扶贫，相较于农民外出打工的劳动回报收益率较低，商业模式无法被大部分农村居民理解和接受。农村居民文化水平较低的特点，决定了他们对于产业扶贫的一些模式不能快速掌握。

5.1.9　精准扶贫政策不应忽视居民家庭婚姻稳定性问题

在第 3 章中对影响基尼系数和经济自由度的控制变量进行分析时发现，当离婚率较低时，精准扶贫政策在调节收入分配差距和扩大经济自由度方面的政策效果会提升。家庭是社会的最小单位，家庭的和谐与稳定决定了社会经济是否能正常有序的运转。经过多次入户调研和访谈笔者发现，导致这个结果的原因有三：第一，和谐的家庭氛围能够让家庭中的主要劳动力心无旁骛的生产劳作，在接受社会救助后，也能让每个家庭成员实现最大化的经济效率，创造更高的经济价值，缩小收入分配的差距。但如果离婚率过高，则势必会影响财政转移支付对收入分配的调节效果。第二，目前中国的大部分有未成年孩子的家庭中，大多是夫妻二人中的一人主要负责家中经济来源，另一个人照顾孩子和家庭。如果家庭中夫妻关系不和谐，最终导致离婚，那么没有工作的那一方就变成了低收入人群。这种现象在农村尤为显著。农村妇女出嫁以后，土地资源是不能随妇女结婚进入夫家的，这就导致农村的妇女没有基本的经济保障，离婚后就面临没有收入来源的处境。所以如果离婚率过高，转移支付对收入分配的调节作用也会被稀释掉。第三，不和谐的家庭环境会导致子女产生诸多的心理问题，无法让孩子建立健全的人格和性格，更会影响孩子的学业，最终会让子女在成年以后的恋爱、婚姻和收入能力方面普遍低于正常家庭的孩子，导致不良家庭氛围和抚育习惯的代际传递，以及收入阶层的代际传递。这也是精准扶贫和乡村振兴政策效果不佳的一个原因。

5.1.10 应提升对居民购买商品和服务能力的重视程度

根据第 4 章的定量分析可以发现，经济自由度对社会福利的正向促进作用较大，但第 3 章的计量分析却得出精准扶贫政策对经济自由度的提升作用不是很显著的结论。所以，内蒙古自治区若想进一步提升社会福利水平，应重视居民对商品和服务购买能力的提升。第一，农牧区居民的购买能力除了与其可支配收入相关外，还与农牧民能获得的购买机会相关。内蒙古自治区的农牧区，大多地处比较偏远和交通相对不便利的地区，食品、服装类、小家电和快消类产品种类单一，质量低下，很多还是山寨产品。这就导致很多地区衣食住行等必备品的种类和质量非常不理想，农牧民即使通过精准扶贫和乡村振兴战略提升了可支配收入水平，但可消费的数量和种类仍没有任何改善。第二，农牧区基础设施建设和公共服务水平相较于城镇还是具有一定的差距。在农牧民可支配收入提升后，由于餐饮、影院和商超等大型综合性消费场所的缺乏，使农牧民不能将增加的收入的一部分用于更多的娱乐支出，导致消费结构基本无法进行升级。而且农牧区具有地广人稀的特征，优质的医疗和教育等公共服务资源供给有限，也是农牧民在可支配收入增加以后无法改善消费结构的原因。第三，农牧民由于观念和长期消费习惯的制约，不愿意将增加的收入用于日常保健和子女教育投入等发展型消费。大多数农牧民都认为没病就不需要体检，也不需要进行疾病预防。子女的学业他们也不知道如何规划和如何给孩子进行投资才能让其成绩提升。个人的福利水平取决于偏好和消费的质量及数量，当消费选择的自由受到诸多客观条件的限制时，可支配收入的提升对自由度的拓展作用并不明显，进而也无法有效的促进福利水平的提升。

5.2　全面推进乡村振兴战略的政策建议

针对上述精准扶贫政策中存在的问题，接续全面推进乡村振兴，本书提出以下政策建议。

5.2.1　加快出台疫情应对措施、保障脱贫攻坚和乡村振兴政策效果的连续性

第一，保证疫情防控，推进经济社会的恢复和发展。政府应在确保人民安全的前提下，逐渐放宽交通运输限制。在新冠肺炎疫情常态化管理期间，应视情况加强流通管理，及时畅通商品物资的运输，满足贫困户对于经商销售的存货需求，以免耽误正常营业。但在此过程中，应紧密结合国家战略和既有工作主线，把促进经济增长同新旧动能转换、乡村振兴战略、公共卫生体系的改造与完善等工作有机结合起来。

第二，增强方向指引，建立健全就业公共服务体系。由于农牧区外出务工人员较多，大部分农民工收入减少的原因是企业停业或经营状况差。应为贫困户务工人员提供相应公共服务，以适应其流动性强的特点，提升其稳定就业和收入的能力。政府可摸底调查贫困户就业状况和就业意向，建立输出地与输入地对接机制，建立贫困户与用工企业的信息对接平台，为农民工提供培训、就

业、信息、交通等服务。

第三，分级补贴、动态调整。低收入人群是受新冠肺炎疫情影响最严重的群体，政府应根据不同家庭实际收入情况，制定动态科学的分级补贴政策，保障低收入人群的基本生活；应适当增加对低收入家庭的临时现金和实物的补贴，以达到刺激消费、扩大内需的目的；为低收入人群提供临时性的疫情防控服务岗位，增加其疫情期间的收入来源。

第四，保障物流、拓展增收渠道。借疫情封控的时间，为农村居民进行大规模的电子商务技术普及培训，努力挖掘更多的农牧产品网络销售平台，增加低收入家庭农牧产品销售量；由政府牵头，帮助农牧民能够点对点的对接城市中的各大商超和各类线上线下农产品销售平台，更有效的解决农牧产品销路补偿的问题，减少产品挤压，实现疫情期间的增收。

5.2.2 扩大医疗费用报销范畴，提升健康人力资本、扩大经济自由度

实现健康扶贫和提升人力资本的健康水平，仅依靠发病后的费用报销远远不够。如果能对疾病作出事先预防，不仅能通过提升人力资本健康水平实现缩小收入分配差距和增加可支配收入的目的，还能节省巨额的医疗报销费用。政府应将农村居民的日常保健和疾病预防费用，也纳入医疗费用报销范畴。为保障资金的有效使用，对此类费用的报销，可进行类别的严格控制。也可以通过为农村居民制定针对性的健康保障计划，实现医疗保健和疾病预防类报销的专款专用。

5.2.3 解决农村居民养老和留守儿童问题

第一，建立健全农村养老机制，提升农村老年人退休金和养老金支付份额，让农村老龄人口安度晚年，缩小收入分配差距；第二，政府应出台政策解

决农民工子女进城的照料、上学和住宿问题，让进城务工的农民工群体有条件将子女留在身边抚养，尽可能减少留守儿童数量，为农村老年人减负；第三，为农村老年人建立专款专用账户，建立养老金支取和消费的实名制体系，杜绝亲属子女对老年人的退休金和养老金的占用现象；第四，扩展老年人增收渠道，对于一些不能进行农业生产，但能从事轻体力劳动的老人，可对其进行手工艺品和食品加工方面的培训，并组织生产，发挥老年人余热，增加收入。

5.2.4　提升农牧民文化水平，确保产业扶贫资金的有效使用

首先，做好生产技能培训，提升产业扶贫效率。在利用当地支柱型特色产业进行精准扶贫时，要特别注意被帮扶对象的生产技能和经营能力。内蒙古自治区大部分地区的支柱型产业都是与畜牧业相关的产业，所以在进行产业扶贫时要提前对被帮扶对象进行生产技能的培训。这样在发放了牛羊等生产资料后，贫困家庭才能更好地进行饲养和繁殖，借此提升收入水平。在进行产业扶贫时，也需要注意到贫困家庭是否有足够的人力去进行生产。如因病致贫的家庭因年龄或健康问题无力经营，也应制定相关措施协助其经营，或另寻更有效的帮扶途径，避免物品物资的发放流于形式，使用效率低下。其次，细化培训目标，实施长期跟踪式生产技能培训。农牧民对技能培训无法接受的原因是其文化水平低，理解能力差，也因此导致其对某些产业的经营模式无法快速掌握。例如本书项目组在调研某地大棚种植情况时发现，农民仅知道种大棚挣钱，但究竟具体如何种植，每个步骤应该是什么，种出来用什么方法去销售，又怎么形成所谓的规模经济，一概不知。这就导致了政策无法实施到位。鉴于此，在实施产业扶贫的过程中，要对每一个农户有针对性地制定细致的培训目标，能够有专人负责对其长期跟踪指导。每个生产步骤都能手把手为其教授，包括后续如何将产品出售变现，获取更大的经济回报，都应一步不落的进行指导。这样才能让农户真正掌握致富的密码，实现产业扶贫目标。

5.2.5 因人制宜、将直接性转移支付转变为赋能型补贴机制

直接的转移支付属于从结果的层面进行收入分配调节，仅能解决低收入人群暂时的经济窘困，不能为其赋予创造财富、长期提升收入的能力。首先，对于丧失劳动能力的人，应对其实施长期动态的直接转移支付形式，根据社会平均收入水平和每年的物价变动，随时调整转移支付力度，尽量缩小收入分配差距；其次，对于尚未丧失劳动能力的低收入人群，应将补贴的类型从直接转移支付变成赋能型的补贴。加大以提升劳动技能为目的的补贴和服务范围和力度，减少直接的现金转移支付。例如，可以将直接的现金转移支付用于对低收入人群进行新型农业生产技术、新型农业经营管理、新型农业机器的操作使用、新的农牧产品销售模式和平台的开发等方面的培训。这样才能充分调动起低收入人群增加收入的内生动力，确保其长期稳定的增收，防止返贫。

5.2.6 借助内生激励机制改善农村家庭教育和健康观念

内生激励机制又称为有条件的现金转移支付（CCT），在过去的 20 年中，许多发展中国家进行扶贫政策的实施过程中，都借助了 CCT 计划。与传统的直接现金转移支付不同，CCT 要求被帮扶人群达到一定的条件之后，才有资格接受更多的现金转移支付。例如，在鼓励贫困人群多渠道创收方面，要求低收入人群每个月至少通过自己的努力赚得 100 元以上的收入时，才可以在政府原有转移支付基础上获取更多额外的奖励。除了应用于对贫困人群更多地参与劳动，杜绝养懒汉的扶贫政策外，CCT 计划还能促进贫困人群更加重视自己和子女的健康与文化水平。例如，教育方面，可要求父母必须让家里所有的适龄儿童接受完整的义务教育，考勤数、作业完成度和学习成绩必须达到一定的水准才能接受额外的现金奖励。在健康卫生方面，要求所有贫困家庭成员必须

接受定期体检，接受预先治疗，从根本上杜绝了大病导致的贫困发生；要求孕期妇女和新生儿定期进行产检，提升了新生人口的健康水平，调节了健康不平等的现象。

内蒙古自治区大部分农牧区居民文化水平较低、教育和健康意识较差，CCT 计划可以帮助激励低收入群体注重重大疾病的预防和文化水平的提升，从根本上杜绝因病致贫和因文化水平的限制带来的收入低下，提升其可支配收入，其本质就是用内生激励的方式，帮助低收入人群矫正不利于收入提升的非理性行为。

5.2.7　完善公共教育和卫生服务，减少农村青壮年劳动力外流

由于内蒙古自治区农牧区的公共服务水平相较城镇而言相对较低，比较典型的就是教育、医疗等公共服务。这就导致很多青壮年劳动力不愿意留在农村劳作，即使有农村家庭的子女完成了高等教育的学业，也因为农村公共服务的缺失不愿回到家乡进行经济建设。所以完善农牧区的公共服务，尽量缩短其与城镇地区的差距，才能吸引更多的青壮年劳动力留在农村，建设农村。另外，基于调研团队的访谈，由于公共服务的缺失，也造成了很多农村家庭以子女能在城市定居为荣的现象。导致了很多农村家庭的子女宁愿在城市中过着福祉水平低于农村的生活，也碍于面子不愿回到农村生活。由此，最大程度的减少城乡公共资源配置的不平等，提升农牧区公共服务质量，才能让精准扶贫有足够的人力资本支持。

为充分解决上述问题，首先，应提高农村地区教育和医疗人员的薪资待遇，从政策层面激发其长期服务农村服务基层的热情。例如解决配偶正式工作、为父母免费提供养老服务、享受免费教育和医疗、子女在中考和高考中加分、自身具有考研考博优先权等。使农村能够留住高质量的教育和医疗人才，才能从根本上解决教育医疗水平低的问题。其次，政府应为农村居民家庭提供免费的家庭教育、健康保健和疾病预防的指导。城乡教育资源分配的不均等，

不仅仅体现在学校条件和师资水平上，还体现在家长对子女进行的家庭教育质量上。农村居民普遍文化水平偏低，无法对孩子进行高质量的家庭教育，导致很多农村孩子学习习惯较差、学习能力低下、性格和心理缺陷较大等问题。如果政府能提供免费的家庭教育指导，帮助家长学会如何跟孩子进行有效沟通、正确激发孩子的学习动力，就可以有效改善城乡家庭教育资源分配不公平带来的问题。同理，缩小城乡医疗资源分配差距，也可以通过对农村家庭进行免费的健康指导和规划来实现。

5.2.8 加快农村的城市化进程，努力缩小城乡差距

农村青壮年劳动力外流的另一个原因是，城市中高品质的休闲娱乐设施较多、交通发达、商品和服务种类繁多，生活较农村更为丰富多彩，对年轻人的吸引力较大。所以精准扶贫政策除需帮助低收入农村居民增产增收，还需加强农村城市化的建设。尽可能在休闲娱乐、交通设施和购物消费等方面对标城市水平，这样既能招商引资，扩大就业岗位，又能将更多青壮年劳动力留在农村，发展农业生产。

5.2.9 加强乡风文明建设，宣传和谐家庭重要性

在乡风文明建设中，第一，可通过丰富农民业余文化生活，例如增加社区的集体活动、在村里设置图书馆，供村民农闲时借阅、组织农闲时节以家庭为单位的文体娱乐活动和演出比赛、合理组织村民进行体育锻炼等。让村民在闲暇时间里，也不会因为赋闲在家而滋生不良嗜好引发家庭矛盾。第二，充分发挥党员的模范带头作用，可以在村支部的带领下对党员家庭中有利于促进家庭和谐的例子进行推广宣传。第三，可以为和谐家风建设设置评分体系，例如孝敬老人、关爱陪伴子女、夫妻相互扶持体谅等，年底进行评分评奖，激励村民树立和谐家风。降低离婚率。

5.2.10　保证再分配相对公平的同时加大初次分配调节力度

结合第 3 章和第 4 章的结论发现，经济自由度能大幅度正向促进社会福利水平，而精准扶贫政策中的政策性生活补贴不仅对经济自由度有直接的正向影响，还能通过教育和健康间接地对经济自由度产生正向影响，退休金和养老金能通过健康对经济自由度产生正向的间接影响。究其原因，政策性生活补贴中含有教育的专项补贴经费，另外两类补贴也是专项补贴。这就说明，补贴在孩子的教育和居民健康这两方面的资金越多，经济自由度就越高。而教育和健康水平的提升，都是初次分配的内容。政府可以通过进一步细化教育和医疗补贴来提升其使用效率。例如，对不同年龄段不同需求的孩子进行分类补贴，3 岁之前，提供奶粉、食品和早期抚育补贴、3—6 岁提供营养和幼儿园费用补贴、小学和初中阶段提供营养、教辅和心理健康类的补贴等。健康方面也可以细化到老年人疾病预防专项补贴、为青壮年劳动力提供体检和日常保健指导等免费服务。

参考文献

[1] Hairong Tao, Zhixing Xu, Changchun Fan, Xuechun Zhao. Treatment of Osteoporosis with Eldecalcitol, a New Vitamin D Analog: A Comprehensive Review and Meta – analysis of Randomized Clinical Trials [J]. Drug Design, Development and Therapy, 2016.

[2] Y. O. Adam. A. M. Eltayeb. Forestry Decentralization and Poverty Alleviation: A Review [J]. Forest Policy and Economics, 2016.

[3] Chen WW, Feng D M, Chu X Y. Study of poverty alleviation effects for Chinese fourteen contiguous destitute areas based on entropy method [J]. International Journal of Economics and Finance, 2015 – 7 (4): 89 – 97.

[4] Xian E Li, Qian Li. The Barriers and Countermeasures of Implementing Ecological Poverty Alleviation in Concentrated Poverty Areas [J]. Advanced Materials Research, 2013 (734): 24 – 82.

[5] James. H. Storck Mark. W. Watson. Econometrics [M]. SPPH, 2012 – 4 – 1.

[6] Diego Azqueta, Alvaro Montoya. Water Access in the Fight Against Poverty: Tourism or Multiple Use of Water Services [J]. International Journal of Social Ecology and Sustainable Development, 2011 (4): 2.

[7] Hanany E. The Ordinal Nash Social Welfare Function [J]. Journal of

Mathematical Economics, 2008 (44): 405 -422.

[8] Yew - kwang Ng. Welfare Economics [M]. Dalian: Dongbei University of Finance& Economics Press, 2005 - 10.

[9] Amartya Sen. Collective Choice and Social Welfare [M]. Shanghai Scientific & Technical Press, 2004.

[10] Nicolas Carnot, Vincent Koen, Bruno Tissot. Economic Forecasting and Policy [M]. Palgrave Macmillan, 2011.

[11] Aaberge Rolf. Ranking Intersecting Lorenz Curves. Social Choice and Welfare, 2009, 33 (02), pp. 235 -259.

[12] Marcus Pivato. Social Welfare with Incomplete Ordinal Interpersonal Comparisons [J]. Journal of Mathematical Economics, 2013, 49 (05).

[13] J. A. Rawls. Theory of Justice [M]. Harvard University Press, 1971.

[14] 李泉然．精准扶贫视阈下社会救助政策的发展 [J]．中州学刊，2017 (01): 65 -71.

[15] 文宗川，李婷．基于收入来源的内蒙古自治区城乡收入差距研究 [J]．数学的实践与认识，2017，47 (04): 52 -61.

[16] 孙咏梅．我国农民工福利贫困测度及精准扶贫策略研究 [J]．当代经济研究，2016 (05): 71 -80.

[17] 柳颖．积极福利视角下的农村精准扶贫 [J]．内蒙古社会科学（汉文版），2016 (03): 13 -17.

[18] 褚小淇．经济增长“新常态”下我国社会福利制度改革走向研究 [D]．长春：吉林财经大学，2016.

[19] 郭晓鸣，高杰．实施精准扶贫战略的四大重要关系 [J]．天府新论，2016 (04): 1 -5.

[20] 靳晓燕．教育扶贫如何兼顾公平与效率 [N]．光明日报，2016 -05 -12 (006).

[21] 朱甜甜．农业保险财政补贴效率评价研究——基于省级面板数据的

证据［D］. 蚌埠：安徽财经大学，2014.

［22］徐锦忠. 精准扶贫：公平与效率［N］. 克孜勒苏报（汉），2014－11－12（001）.

［23］苑广阔. 以教育扶贫促进社会公平正义［N］. 兵团日报（汉），2014－10－10（004）.

［24］欧涉远. 基于财政视角对我国农村贫困线及贫困发生率的思考［D］. 成都：西南财经大学，2013.

［25］李瑞华. 内蒙古贫困与反贫困的经济学研究［D］. 武汉：武汉理工大学，2013.

［26］刘大卫. 社会保障基金财政资金分配效应研究——基于城乡统筹视阈［D］. 成都：西南财经大学，2013.

［27］汪毅霖. 以自由作为发展的理论框架和经验分析［D］. 大连：东北财经大学，2010.

［28］谢东梅. 农村最低生活保障制度分配效果与瞄准效率研究［D］. 福州：福建农业大学，2009.

［29］雍红月，李松林. 基尼系数的计算方法与实证分析［J］. 内蒙古大学学报，2007（02）：89－93.